梦想北大丛书

梦想北大

精华集 第一册

李喆 主编

北京大学招生办公室 组织编写

北京大学出版社
PEKING UNIVERSITY PRESS

图书在版编目(CIP)数据

梦想北大精华集. 第一册/李喆主编. —北京：北京大学出版社，2020.7
（梦想北大丛书）
ISBN 978-7-301-30301-6

Ⅰ.①梦… Ⅱ.①李… Ⅲ.①中学生—学生生活—文集 ②中学生—学习方法—文集 Ⅳ.①G635.5-53

中国版本图书馆 CIP 数据核字（2019）第 034632 号

书　　名	梦想北大精华集（第一册） MENGXIANG BEIDA JINGHUA JI（DI-YI CE）
著作责任者	李　喆　主编
责任编辑	吴坤娟
标准书号	ISBN 978-7-301-30301-6
出版发行	北京大学出版社
地　　址	北京市海淀区成府路 205 号　100871
网　　址	http://www.pup.cn　　新浪微博：@北京大学出版社
电子邮箱	编辑部 zyjy@pup.cn　总编室 zpup@pup.cn
电　　话	邮购部 010-62752015　发行部 010-62750672　编辑部 010-62756923
印 刷 者	北京虎彩文化传播有限公司
经 销 者	新华书店
	650 毫米×980 毫米　16 开本　16.25 印张　238 千字
	2020 年 7 月第 1 版　2023 年 12 月第 2 次印刷
定　　价	48.00 元

“梦想北大丛书”编委会

校长致辞

1000 多年前，大学诞生于中世纪的欧洲，从此成为影响和改变世界的重要力量。人类在历史上形成的知识和思想汇聚于此，对于未来的系统思考和探索也肇端于此。

120 多年前，北京大学的前身——京师大学堂成立于救亡图存的变革中，标志着中国现代大学制度的开端；100 多年前，北京大学成为新文化运动与五四运动的中心与策源地。从此北大就与国家民族的命运紧密相连。一代代北大人不忘初心，牢记使命，用思想和行动，投身于民族复兴、社会进步的历史伟业。

今天，风华正茂的你们即将对自己的未来做出郑重的选择。北京大学正是你们一直向往和憧憬的那座学术殿堂，因为北大是一所与众不同的大学，具有无与伦比的感召力。

这是精神的感召。120 多年来，北大形成了爱国、进步、民主、科学的光荣传统。北大始终站在时代前沿，矢志兴学图强，引领风气之先，集中体现在一代代仁人志士和优秀知识分子的赤诚爱国精神与使命担当。曾在北大工作过的陈独秀、李大钊、毛泽东等一批中国最早的马克思主义者，创立了中国共产党，从而缔造了新中国。从沙滩红楼的青春呐喊、红色火种，到未名湖畔的“团结起来，振兴中华”，北大人为民族独立和国家富强做出了不可替代的贡献。

这是文化的感召。北大有着极其厚重的学术文化积淀，又有着挺立潮头的文化创新品格。李大钊先生说：“只有学术上的发展，值得作大学的纪念。只有学术上的建树，值得‘北京大学万万岁’的欢呼！”做第一流的学术，这是北大永远的追求。中国第一台百万次集成电路大型电子计算机、第一次人工合成结晶牛胰岛素、中国大陆第一例试管婴儿、第一套汉字激光照排系统等，这些“第一”都根植于北大创新文化的土壤。北大还汇聚了一大批学术大师、文化巨匠，这些都是我们创办世界一流大学的财富与根基。

这是人格的感召。鲁迅先生说过：“北大是常为新的，改进的运动的先锋，要使中国向着好的，往上的道路走。”蔡元培老校长以卓越的眼光推动改革，奠定了中国现代大学的理念与精神；屠呦呦校友以坚韧不拔的意志，创制新型抗疟药“青蒿素”，挽救了全球数百万人的生命，成为第一位获得诺贝尔科学奖项的中国大陆科学家；孟二冬老师坚持“板凳要坐十年冷，文章不著一字空”，他病倒在援疆的讲台上，直到生命最后一刻还在牵挂着学生。一代代先哲在时代洪流的洗礼与北大熔炉的淬炼中，放射出持久的光芒，陶铸出人格的典范，如月映万川般滋养涵育着每一个北大人。

一时有一时的趋向，一校有一校的风尚。无论时空如何变迁，对于一所大学而言，精神、文化与人格所构成的传统，都是不变的。北大是极广大的，她开放包容，连接着民族的过去和将来，沟通着中国和世界，展现出海纳百川的气度，每个有志青年都能在这里找到适合自己发展的方向和路径，开辟出崭新的人生境界，书写出属于你们自己的北大传奇。

“过去未去，未来已来。”教育的意义在于让受教育者在面向未知的世界时，为生命的展开找到支点。北大是你们求知的圣地、发展的舞台，是你们前行的动力、坚强的支撑。充满好奇心和求知欲的你们，将在这里体验探索未知、创造新知的快乐。

2018年5月2日，习近平总书记在北大考察时，向青年学生提出了“爱国、励志、求真、力行”的希望，这将激励你们努力成长为“德才均备，体魄健全”的社会主义建设者和接班人。亲爱的同学们，北大敞开怀抱欢迎你们！我们在北大等待着你们！

目　录

117 / 笑对前方，坚实前行

目标应该是具体的、细化的。记得一位马拉松冠军在赛后接受采访时，道出了他的秘诀——在跑马拉松的前一天，他都会骑自行车沿着路线走一遍，记住沿途的一些标志建筑物，第二天跑时会全速冲向第一个记忆中的建筑物，再全速冲向第二个、第三个……直到终点。如果把整个马拉松赛程比作高中的学习，那终点便是高考，每一个标志“建筑物”就是每一阶段的具体目标，有了这些“建筑物”，我们才能清楚地知道自己离最终目标还有多远，也才有动力去“全力冲刺”。

125 / 高中拾遗

但与他人不同的是实现认真的方式。在我看来，对那些概念、定理一定要明白其推导过程，而且要自己能推导，决不能含糊。作业中不会的问题我也坚决靠自己解决，实在不会再去请教别人。而课余时间我便全部投入读书与运动当中去了。

133 / 我的高考

我羡慕自制力强的人，羡慕一看书就专注地沉浸其中的人，羡慕小说看不断还能维持在年级前十的人。面对诸多不满意，我开始学会接受最平凡的自己，接受我有诸多不足的现实，并着手改正。

143 / 把握高三，赢得高考

相信我，没有谁会忍受不了这种辛苦，这种既苦又甜的生活是一种幸福生活。没有能与不能，只有想与不想，做与不做。不行动，有一万句誓言也没有用。所以，从现在开始，为自己的理想而奋斗，学会忍受辛苦，也许最终你还是不能成为第一，但你一定会为自己的进步而感到开心，一定会为自己的坚持而感到庆幸。

进学解

姓　　名：曹润寰

录取院系：光华管理学院

毕业中学：江苏省姜堰中学

获奖情况：2010 年江苏省高中学生化学竞赛二等奖

第七届“新人杯”全国中小学作文大赛一等奖

第五届“冰心杯”全国中小学作文大赛一等奖

> 要有良好的心态。一次“败仗”之后，自信可以助你走出深渊；那么若是一场“胜仗”之后呢，你会不会就被胜利冲昏了头脑，自信爆棚，然后忘乎所以？狂喜过后一定要有良好的心态，也就是我们说的“hold 住”“淡定”。

西方有一句古语：“上帝给了你智慧，是为了让你更好地帮助其他人。”中国也有一句古语：“太上有立德，其次有立功，其次有立言。”分享学习经验和成长感悟，也许是我们北大新生回报社会的最好礼物。

战略

行军打仗之前，参谋部总要列一个详细的计划，又称战略。同样，“工欲善其事，必先利其器”。面对考试，战略问题永远是第一考虑的问题。

1. 梦想

我相信，一个人有梦想的时候永远不会老去。“求木之长者，必固其根本”，梦想就是根本。这个梦想，既不要为了面子而不切实际，也不要太过易得而失去梦想本身的意义，最好是努力之后有希望实现的那种梦想。梦想的大学一经确定，就要进一步了解它，包括校徽、校训、校歌。我的经验是，早读课做的第一件事就是大声背诵梦想的大学的校训，朗诵其校歌，这带给了我无尽的激情与力量。

2. 意志

有了梦想，就必须去追求。追求梦想的路上会很艰辛，付出没有回报是很正常的事，因为在高中“一分耕耘，一分收获”是不切实际的，有时候是十分汗水一分收获。我们追求梦想，为了那一分收获挥洒十分汗水的时候，坚强的意志是坚持追求梦想的必需品。“苟余行之不迷兮，虽颠沛其何伤!”学习需要有健康的体魄和坚强的心理，更需要有坚忍的毅力和顽强的意志！要知道，所谓英雄，都是平凡的人，千回百转，千锤百炼，矢志不改，如此而已。屡战屡败，只有意志才能让你屡败屡战，并最终“一举成名天下知”。五月天的《倔强》有句歌词是：我不怕千万人阻挡，只怕自己投降！就是这股奋战到底的意志，是我们前进的最好的伴奏，也是成功最好的伙伴！

3. 豪情与自信

我们都是十七八岁的年轻人，少年自有少年狂，对自己要有绝对的自信。平时练习，或成功，或失败，都要绝对相信自己的实力，相信自己能创造奇迹，相信自己能超越极限。很可能，这便是你爆发的根源：这道题我做不出来，他也别想做出来！当年匡超曾经说过：“给我一个舞台，还你一个五千年之中华。”我想，这就是我们高中生所应有的气魄与豪情。就如同电视剧《士兵突击》中成才那句石破天惊的话：“如果要三个，我是三个里的一个；如果要一个，那肯定就是我!”正如北大校歌中催人奋进的那句：“眼底未名水，胸中黄河月!”

4. 心态

要有良好的心态。一次“败仗”之后，自信可以助你走出深渊；那么若是一场“胜仗”之后呢，你会不会就被胜利冲昏了头脑，自信爆棚，然后忘乎所以？狂喜过后一定要有良好的心态，也就是我们说的“hold 住”“淡定”。这里我没有用“谦虚”一词，因为考得很好之后兴奋很正常，这是正常反应，只要稍后加以控制，达到相对平稳的情绪即可。方法是，考得好的话，和爸妈好好倾诉一下成功的喜悦，然后大吃一顿，或者是回家后不安排学习，甚至连书包都可以不带，看会儿电视就睡觉。高中竞争压力太大，考得好是自己努力的成果，应该庆贺，但第二天就要投入学习了。考得不好，自己也应坦然面对，先告诉爸妈，不然憋在心里也会难受。当然，也可以找好朋友倾诉一番，晚饭后两个人在学校里散散步或者放学路上大声说笑一番。但别忘了，一定要保持自信！要这么想：这回我把好名次让给你们，给你们点甜头，下次你们就甭想再上来了！回家时就别带书包了，到家后睡一大觉，吃喝玩乐一天，重蓄能量！

战术

1. 训练

《士兵突击》里许三多转到钢七连，进门的时候看到墙上有龙飞凤舞的几个大字——“训练，训练，继续训练”。当时的他或许没有什么感触，但后来在成为兵王的路上，他真的兢兢业业、勤勤恳恳地执行了这八个字。我们都不是神的孩子，要想成为神，就必须进行超乎常人的训练。在没有更好办法的前提下，题海战术永远是最行之有效的办法。语文辅导书不必多做，数学和英语我都有一套训练机制，数学是“5·3”＋“38套”＋《小题狂做》，第一个练专题，第二个练整体水平，最后一个练填空（因为江苏模式数学没有选择，其他省份的同学可以参考）。英语是“5·3”＋“38套”＋高中阶段课本知识点汇编（在每个省名字不一样），因为相对于数学，英语没有得分大块和单题大分这种情况，知识点相当零碎。我把这六本书全部做完了，其中数学的前两本书还全部重做了一遍。有位我很敬重的老师说过：“生命不息，练习不止。”我想把这句话送给诸位。

2. 独立限时

训练的时候要坚持两个原则：一是独立，二是限时。做课外辅导书和做课内作业的时候会遇到不会的题目，我们习惯于翻答案或者请教同学，这就是不独立。一道题的关键很可能就是那么一步两步，也许就是因为这一点你就失败了。因此，做辅导书翻答案的时候就要承认你做完了，就敢这么交上去。做课内作业的时候，一旦问了别人，你就要承认这道题你做不出来，就要用红笔在旁边订正，或者就干脆不写，诚实地交上去，勇敢地面对那个“×”。这个原则不难坚持，比较难执行的是“限时”这一原则。在高三，我们很少有整块时间去完成某辅导书的某一章节，这个时候就要限时，比如要求自己 35 分钟内完成一份试卷的填空题，35 分钟一到就必须搁下笔停止答题，不许拖泥带水。“限时”是提高速度进而提高效率的诀窍，请各位学弟学妹牢记于心。

3. 复习整理

看书只看一遍几乎等于没看；训练如果只是机械地做题，那训练效果就不会特别明显。比如一份套卷，做完之后一定要回头看，这就是复习。以一份数学试卷为例，如果有几道题没有做出来，复习的时候你就要复习这几道题的解答方法和关键步骤。有些题目做出来了，但如果参考答案用的方法更好、更简便，也要进行复习。做完与复习之间的间隔最好是 7～10 天，因为这时候复习曲线正处于最高点。俗语说：“好记性不如烂笔头。”这句话可以分成两层来理解：第一，复习时不要光看，得动笔，理科题要去写写过程，文科题要去列列思路；第二，在复习理解完毕后，还是很有可能再忘记的，所以要进行适当的整理，将这些题目整理到活页本（强烈推荐）上并重做一遍，注明方法与重要步骤，还可以写写心得。除此之外，推荐加一个计算能力专栏，记下那些技巧性不强但计算较烦琐的题目。现在很多省市的高考数学试卷都有解析几何、函数、数列三类题型，这三类题型对计算能力的要求相对较高，高考时难度也相对较大，但是基本计算却在高中平时的学习中有所淡化，这一点值得我们重视。“双语”的整理同样是基本知识点，如英语的词汇用法、短语辨析、语法知识，语文的语音成语、文言字词、文学常识等。一两年下来，整理本便是你复习时最有力的助手。正如韩愈在《进学解》中所说：“记事者必提其要，纂言者必钩其玄。”但不要“贪多务得，细大不捐”。

提到整理就要说说错题集这个东西，鉴于高中尤其是高三时间紧张，个人认为数学可以不做错题集，复习整理就行。但英语必须要做错题集，和复习一样，抄完题目之后 7～10 天再做，这样印象会更深刻。语文的错题集就可以免了，用整理本即可。

4. 制订计划

在高中，除了周末，很少有整块的时间让你去完成任务，一般都是说长不长说短不短的四五十分钟。似乎做数学也行，做英语也没问题，所以制订计划就显得尤为重要。凡事预则立，不预则废。无论身处何时，计划是必不可少的！

制订计划也有学问。第一，你要清楚你这周的自主时间分布（非自主时间就不要列了，都被老师排满了）。

第二，你要清楚你的学科强弱情况，以及学科本身的重要程度。前者不必说，时间自然向弱势学科倾斜（前提是这门课不是语文，语文提高需要长期的积累和领悟，并不是一段时间内突击就能显著提升的）。针对后者，举个例子说明如下：我参加高考时，江苏高考模式是三门必测科目计总分，两门选测科目按在全省的百分比计等级，并不是看分数而是看名次，分数低名次在前一样是高等级。因而选测科目的地位就相对次要一点，分配时间时就可以少分配一点。

第三，要统筹宏观与微观。宏观就是这个月乃至这个学期的计划，微观就是这一周的计划。以我为例，高三刚开学时我就开始制订计划，但很长一段时间成绩没有大起色，直到“百日冲刺”的时候才豁然开朗，所以一定要先制订全盘计划。于是我将100天分成了五个阶段：第一个阶段是第1～30天，重点突破英语；第二个阶段是第30～50天，侧重数学；第三个阶段是第50～70天，我开始向语文和政治、历史倾斜；第四个阶段是第70～85天，政治、历史背诵放到第一位；第五个阶段是最后的15天，用于查漏补缺。每个阶段下面要列出这个阶段的任务，比如第一阶段要完成英语“5·3”单选模块的复习，“英语38套”要完成10套，数学要完成“5·3”函数章节等，再将这几个任务分配到每周，最后分配到每天。不要怕这样制订计划花费你很多时间，磨刀不误砍柴工，花一个晚自习的时间制订计划远比一段时间毫无章法的晚自习要好。

第四，提一个小技巧：制订计划的时候将预定开始执行日期推后一天，比如本来定的1号开始执行，那就定为2号开始，但实际执行从1号就开始，这样由于超前执行心理上会很舒服，也为突发情况腾出了时间。

第五，并不是会制订计划就是高手，相反，制订计划谁不会？真正制订计划的高手是会根据突发状况修改计划突出重点的人，计划赶不上变化，定下的任务极有可能完不成，这时候就需要你去突出重点，抓住这一阶段的精髓：如果重点是英语，那就先完成英语；如果重点是数学，那就先完成数学。宁可断其一指，不要伤其十指。

5. 语文提升法

对于广大理科学生（也包括文科学生）来说，语文是一个让人头疼的问题。短期难以见效，占分值又大，分数极易不稳定。其实语文除了读背的一小部分，就剩下两块：理解别人说的话（文言文、诗歌、阅读理解），说段话给别人听（语用、作文）。所以建议各位一定要多读书。高一、高二的同学推荐先读《红楼梦》和《三国演义》，高三的同学就读点小部头名著如《茶馆》《围城》等，还有文章集如《梁实秋散文》《鲁迅杂文》等，以及较好的报刊如《杂文报》《作文与考试》等。坚持读书并辅以一定的训练，以及从训练中找出解题方法（尤为重要）是我认为提升语文的有效途径。另外要说的是，读书最好不要在晚自习上读，应该利用“边角料”时间和休息时间读。

6. 重视课内学习

细心的学弟学妹们看到这里应该会发现一个问题，那就是这都是课外的战术。那么课内采用什么战术呢？很简单，上课认真听讲，做好笔记。对待作业同样是独立、限时。最后仍然按照前面所说的复习方法复习整理。但在这里要提醒各位（尤其是成绩优秀的同学）：课堂上的内容最为重要，一定要全神贯注地听，绝对不可以认为自己全都会了就埋头做自己的事。切记！切记！

以上几点我就是送给各位的进学解，希望对各位有点帮助。

多深的根基，筑多高的墙

姓　　名：万　扬

录取院系：光华管理学院

毕业中学：安徽省无为中学

获奖情况：2009年全国青少年信息学奥林匹克联赛（提高组）二等奖

做题目的价值并不止于熟能生巧，更在于触类旁通。同理，一种方法、一种数学思想可以应用于不同的题型。方法和数学思想总是有限的，数学的魅力在于将各种方法、思想相互融合，用自己的智慧去对已知的解题方法进行自由组合，从而达到解决问题的目的，收获攻克难关时的满足和喜悦。

进入北大的莘莘学子中有很多是自主招生考试发挥良好，抑或是保送生，然而出身于县城中学的我，并不能享受到自招、保送名额，也不如那些“学术大牛”玩转各科竞赛，只是在高考中得到了两位数的名次，但这就足够我选择北大。万丈高楼平地起，所有的辉煌起步于基础。因此，我能告诉大家的，便只有如何打好基础，在高考中获得高分。希望能为大家今后的学习生涯略尽绵力，让大家能够更为轻松地面对即将到来的竞争。

注重平时训练，按时完成作业

这看起来是一个非常简单的要求，但扪心自问，很少有人三年来真的完整地践行。

如果你不是一个天才，没有超于常人的头脑，不要轻易尝试自学。有的人会说，作业实在太简单，做作业不过是浪费时间，这话只有一部分“高三党”才有资格一提，在基础期的高一、高二，我们不断学习着新的知识，作业显得尤为重要，这是对整个知识体系的加固，绝对是一件划算的事情。

另外，新生中很多是身怀绝技之人，但不要草率地认为课外的资料比老师布置的作业更重要。学校所订的资料自然是老师们精心甄选出来的，比我们在书市上淘来的质量要好得多，所以请不要放弃学校方面留下的作业。正因为这是高中打好基础最基本的环节，所以我放在开头，希望引起大家的重视。在我们高三时，曾经有成绩相当好的学生不愿意跟随老师的节奏，拒绝完成作业。而这些人成绩的不断下滑告诉我们，没有足够的资本，自学是一种不甚明智的做法。当然，或许新生中的“大牛们”会持保留态度，但这绝对是个诚恳的建议，起码你在高一、高二的时候请务必做到这一点。

平时的训练，包括自己准备的同步资料和学校各种大大小小的考试。对于自己准备的资料一定要量力而行，老师们一般会根据学生的情况有所推荐。但是不管选择什么样的资料，不在数量，而贵在坚持，只要坚持完整地、认真地做完一本，也比买了十本八本资料摆在桌上徒占空间要好。而且在练习时，要有侧重点，不懂的部分更要加强练习，尤其在新课部分。对于考试，无论大小，请认真对待，真实的考试水平会告诉你自己的缺陷在哪里，不要抵触，也不用过于紧张，平常心对待。

注重课堂，不放过任何细节

课堂的重要性在此不再赘述，刷过无数套安徽真题和模拟卷之后，尤其是今年的考卷，我发现，试题的答案就在课堂上。请不要轻易模仿所谓的“天才”，上课睡觉，考前“抱佛脚”。一点一滴的积累、毫无懈怠的努力最终会诚实地反映在你的成绩单上。语文课上听见的一个字音，老师妙解过的一个成语，或许在高考时便会为你带来3分的好运；数学课上老师会延伸各种神奇解法，不要因它不是考试内容就忽视，或许高考中会为你多挣得一个选择填空的分数；英语课上仔细听着老师分析课文，或许高考时会发现一道单选题的句子是如此熟悉。诸如此类，不要等高考后再自怨自艾。比如今年高考语文的那道字音题，我当时惊奇地发现自己竟都还记得，不得不说，细节决定成败啊。

理科的试卷越来越注重基础，回归课本是相同的主题。当然，在这里给大家一个小小的建议，下课的时候多出去走走，活动活动身体，聊聊天，放松一下大脑，会使下节课的状态更好，毕竟大脑能集中注意力的最长时间不过一个小时，长时间不放松地集中注意力也会使记忆效果下降。

高一、高二时我一直不喜欢做笔记，尤其是化学，只将听到的零零散散地记在书本的空隙中，待到复习时又惯于翻资料，所以久而久之，很多细节被我忽视掉，这导致我高三时的化学成绩不理想。在高三复习时我才反应过来，所以特意准备了一个小本子，将老师上课讲的我觉得不熟悉的内容立刻记下来，每到月考前就翻一翻。一个学期下来，本子就满了，我也渐渐没什么内容需要记下来了，化学才从近乎刚及格的谷底慢慢爬到了90分。所以，借这个教训告诉大家，化学、生物这类偏向记忆的学科，一定要注意细节，最好能够准备一个笔记本，时常翻翻，打好基础，到了高三才不至于太吃力。课堂中，尤其是老师讲新课时，我们是绝对不能随意神游的。

学会联想

有句广告词说“人类失去联想，世界将会怎样”。说到联想，我必须强调它在某一科目中的重要作用。不是语文，而是数学。从高一开始，数学算是一门工程量比较浩大的科目。一个学期两本书，还会涉及让人纠结的函数，容易吃不消。但是数学基本没有为我带来太大的麻烦，所以在此我愿意将自己的方法分享给大家。但需强调一点：哪种方法不是最重要的，关键是适合自己。

首先，要养成见到一个题目就想起这一类问题的解法，然后想想下次遇到相同的情况时应该有怎样的思路，将大概的过程记在脑海中，以便下次再遇见这类问题时可以快速地解题。

其次，解决一道难题之后，有能力、有兴趣的同学还可以再想想：如果换掉其中的某一条件，该怎样解决；如果是证明题，将条件和结论调换，又该怎样证明出来。

解决函数、抛物线及数列等问题时，联想更是能将你做过的题变成解决你即将面对的问题的不二法宝。做题的价值并不止于熟能生巧，更在于触类旁通。同理，一种方法、一种数学思想可以应用于不同的题型。方法和数学思想总是有限的，数学的魅力就在于将各种方法、思想相互融合，用自己的智慧对已知的解题方法进行自由组合，从而达到解决问题的目的，收获攻克难关时的满足和喜悦。联想会让你在更短的时间内做出更完美的解答。

同样的，在学习英语方面，我在记单词词义的时候经常会用联想的方法：通过已知的和这个单词相似的单词词义来联想记忆这个单词的词义，也可以通过单词的本义联想记住它的延伸义。阅读文章时，也可以利用上下文来推测出关键词的含义，甚至有个中高手可以通过文章用的色彩词、叙事方式推断出笔者情感，进而推测词义，如此等等不加赘述。

另外，联想作为一种手段，也被用于构建知识系统网络。

构建知识系统网络

构建知识系统网络是对知识加深记忆的有效手段。对于需要记忆的学科，比如理科的化学、生物，文科各科，书本中内容交叉庞杂，如若不相互联系，记忆便很有可能出现遗漏和模糊。此外，构建知识系统网络还有一个好处就是：每学完一段新内容之后，将当时所学的知识加入网络，同时回想已经存在的知识系统网络，这样，在牢记新知识的同时，也加固了对已学知识的记忆。此外，知识系统网络可以让你在临考时有条不紊，如果不能确信在脑海中已经记住，也可以在纸上记下各知识点间的联系。面对考试，你将会显得格外轻松，不用担心会有什么遗忘。尤其是生物学，我们在一步步构建知识系统网络的时候，通过类比、联想等各种方法将所有内容在脑海中串联起来，做到看见一个关键词便能想起有关的所有问题。盲目地划分区域去记，既耗时耗力，又难以保障质量。举个例子来说，学呼吸作用时，联想到无氧呼吸、各种菌类的发酵过程、光合作用过程等。这样无疑是重复复习，可以加深印象。又如学习化学，讲到化学元素时，我们可以在脑海中可以将金属元素按照活动顺序表组建起来，顺便将各元素的性质以及相邻元素的类似处、不同点等概括进来。

高一是从初中到高中的一个过渡期，初中学习的内容在高中已然用处不大。我不会过多地夸大高中学习的难度，但是，绝非初中三年可以与之相提并论的。我想，学弟学妹们应该有一个系统的认知，大概了解一下高中的全部内容，并对此作好规划。回想我还在高一的时候，一心以为高中不过如此，所以仍然沿用初中的学习模式，虽然当时成绩不错，但到了高二成绩明显下滑。这为我敲响了警钟，原来，高一的成绩不过是在挥霍初中的浅薄积累罢了。尤其是数学，高二时感觉高一的知识不能为我所用，却又无法腾出空来复习高一的知识，直到高三刷数学卷子时才好些。我说这些是为了说明：如果不能将所有的知识相互联系，即使在阶段考试中能取得较好的名次，一旦到了综合模拟，需要将各种知识灵活运用时，弊病会立刻显露出来。

主动反思

帕斯卡尔说过，人只不过是一根芦苇，是自然界最脆弱的东西，但他是一根能思想的芦苇。人们若是不去思考，那便真的与芦苇无异。已经是高中生的同学们，反思将是你们高中生活不可缺少的命题。

首先，就考试而言，考试的意义不只是验证成绩的好坏，只要不是高考，高中阶段成绩单上的一切数字都是“浮云”，真正的“精华”在于试卷本身。作为过来人，我很能理解你们对高分的追求，分数高的高兴10分钟就可以冷静下来了，没考好的垂头丧气一天也有余了，不要忘记对卷子本身的反思。没有人可以将每张试卷做到完美，那么被扣分的部分便是你这段时间要弥补的漏洞。高一是打好基础的关键时期，易被忽视的漏洞会在高三的综合训练中扩大化，从而干扰到你的高考。看看你的语文试卷，选择题错得多了些，那没办法，请多分配点时间去练习选择题；看看你的数学卷，又是计算错误吗，那请扔掉你手边的计算器；看看你的英语卷，阅读错得太多吗，那请好好背单词吧；看看你的理、化、生，该背的记不清，那便再去背一遍吧。方法错误，那便好好思考什么时候才该用它。总之，试卷所呈现的价值，浅薄的分数不足十之一二。

其次，需要反思的另一个时间点就是课后。数、理课后，仔细回想老师用过的方法，提炼出中心步骤，一步步返回，仔细考虑为何要这样证明，逻辑顺序又该是怎样的，直到能够顺利地从头到尾自然理出清晰的思路，那么这节课于你才真正有所得。如果可以举一反三，想到其他的解法或者相关的问题，便可以获得更多。能力有限的同学，可以梳理一下老师的思路，并努力培养自己能够沿老师的思路走下去，那么下次在遇见类似题目的时候便能够有条不紊、不慌不乱地解题了。由此可见，反思的重要性不言而喻，可以说，反思是取得高分的必要条件。

不急不躁，不过分看重名次

刚才有提到考试与分数，不在意是很难做到的，但是永远不要被名次束缚住了手脚。记得在高三临考前，校长曾和我们说过：“没有人可以确定考中状元的一定是年级的第一名。”有时候成功真的很简单，无论你的名次排在哪里，只需要一个机遇，便可改变。

当然，不过分看重不等于不看重。正如我们的校长所说：“600 分以上的，再偶然也不会到 500 分以下，反过来也是一样。”名次可以清楚地反映你在整个年级中的位置，自我定位也是踏实学习、夯实基础的必要条件。我在高三时，也曾在灯下贴过一张纸条，上面不过写了四个字“少安毋躁”。无论何时，清醒的头脑是你开启美好一天的必备钥匙。

同时，名次的高低只能反映一段时间成绩的好坏，其中还包含着运气的因素，所以占据较高名次的同学也不应沾沾自喜，谁都无法料到下一场胜负如何。即使落后几百名也一样可以赶上，所以请不要轻视任何人。你唯一该做的，就是不断提升自己的实力，只有“胜不骄，败不馁”，才能在高考一役中完胜。高一的时候，进入重点高中的同学或许都会抱着佼佼者的心态，因为进入了重点高中本身就是对其能力的一种肯定。但是这种想法很快就会被第一场考试打破，现实是残酷的，中考的名次将会逐渐被淡忘。第一场考试是对所有同学的重新洗牌，名次会有较大的变动，上下浮动几百名也是常事。同学们在初中时大都是年级的佼佼者，来到重点高中这个精英荟萃的地方，无奈成为普普通通的一员，其中的落差与挫败感是每届新生们都会有的。但请不要因此而自暴自弃，一定要保持平和的心态。高三之前的三四个月，名次都会不停地变动，所以请沉下心来。在平时的学习中，不要总想着自己的名次、父母的期望，那样会学得很累，也会降低学习效率，得不偿失。

如上，不过一家之言，希望能够对学弟学妹们有所裨益，也更希望在提醒大家打好基础的同时，能够让大家以一种积极的心态来面对高中的学习生活。无论是处于积累期的高一、高二，还是陷于题海的高三，请你永远不要放弃敢于拼搏的信念；无论是在一线城市的重点高中，还是在普普通通的县城中学，对你来说，清华大学和北京大学都不会是一个遥不可及的梦想。

学习生活“碎碎谈”

姓　　名：程智超
录取院系：外国语学院
毕业中学：南京外国语学校
获奖情况：全国高中学生化学竞赛（省级赛区）一等奖

多整理自己的笔记，有助于把这些知识转化成自己的，并加深自己对这些知识的理解。学来的知识就像是一堆堆的素材，需要我们把它们加工组合成一幅完整的作品，那样的知识才真正有价值。

以下主要写我对自己三年高中学习生活的思考，其目的有二：一是对自己这几年来作一个总结，以调整接下来大学学习生活的状态；二是供学弟学妹们参考，让你们能少走些弯路。

标题中，我特别用到了“学习生活”这个词，想说明的是，学习是生活中必不可少的一部分。我们不妨用整体和部分的相互关系来看待生活与学习：

整体的功能状态及其变化会影响到部分；部分的功能及其变化会影响整体的功能，关键部分的功能及其变化甚至对整体的功能起决定作用。

——摘自《哲学与生活》

争取良好的学习环境

生活环境的好坏，对一个人的学习有着相当大的影响。而学习的效果，也对一个人未来的生活环境起着重要的，甚至是决定性的作用。这里的“生活环境”，并不仅仅指物质环境，更重要的是精神上的一种“氛围”——学习的氛围。如果一个人身边的人都喜欢学习，并努力地学习，那么这个人也会对学习慢慢产生兴趣。对于高中学生来说，最重要的两个环境就是学校环境和家庭环境。在学校，若是同学间能够常常讨论讨论学习上的事情，老师也在不断学习新知识的同时常常与学生交流，在这样一个环境中，恐怕那些不喜欢学习的同学也能够静下心来学习。在家里，当孩子在做作业时，如果家长能够放下手中的遥控器，关上电视，陪孩子一起读读书，我想，那些抱怨学习无聊枯燥的声音也会少一点。我认为，很多时候不是学习无聊，而是当你在学习的时候，身边的人却在做着一些看上去更有意思的事情，时间久了，怨气、不满自然就生长出来了。另外，对于我而言，还有一个环境——宿舍。我有五年的住宿经历，宿舍与学校班级不同，一间宿舍里只有几个人，其中任何一个人都能对整个宿舍的环境产生一定的影响。有一个人喊着要学习了，其他人也都或多或少地会去学习一会儿。我很幸运，就生活在一个这样的“你督促我，我督促你”的宿舍环境中。

说了这么多与生活有关的话题，除了想让大家为自己争取到一个良好的学习环境（说“争取”是因为环境有时候不能选择，但你却能主动地去改变它），以及希望学校和家长能为学生营造好的学习氛围外，另一层用意是为了提醒大家，生活中必须要会学习，但学习并不是生活的全部，生活中的其他部分也是很重要的。弄清学习对自己的重要性，不忽视、不厌恶，也不要看得过重，这对我们心态的调整是很有帮助的。

保持积极的态度

有人说“态度决定一切”，虽然可能有不少反例，但在我看来，这句话至少是八分在理。根据对象情况的好坏，态度通常有两种——积极与消极。一次满分，能让你对学好这门学科充满信心，甚至开始喜欢上这门学科；而一次演讲的失败，可能会让你对日后在公众面前发表观点感到畏惧、厌烦，然后避而远之。所以，我们要做的，就是保持积极的态度，以及迅速调整消极的态度。

在各种积极的态度中，我觉得最重要的是信心。只有对自己有信心，你才能勇敢地去尝试；只有相信自己一定能成功，才能坚持不懈地把一件事做下去……信心对我们太重要了。而一个人信心的培养，很大程度上靠的是周边的人，尤其是父母和老师。因为孩子都很重视这两者对自己的评价，所以当孩子已经很努力了，纵使没有成功，也应该尽量表扬、鼓励他们。这样，他们才不会对下一次的挑战感到恐惧。

对自己的信心，有时候还体现在自己将要面对改变的时候。很多时候，我们一开始走的路并不是对的，但当我们意识到的时候，却又会对是否要改变而犹豫不决，总觉得现在的路即使是错的，但毕竟是自己熟悉的路，换一条路，将会面对一番完全陌生的经历，自己能做好吗？在这种时候，我们要相信自己能做到，不要总想着自己只适合做这个，做不成那个，把自己的路限得太死，这时自己给自己关上了一扇窗，也就不会有人来给你开另一扇门了。记得当初我初入南京外国语学校的初中时，很害怕演讲，但演讲又是英语课上必须完成的一项任务，我只好硬着头皮去试了一把。现在想来，那次演讲算不上成功，由于紧张，我说得结结巴巴，但演讲结束后，同学们的掌声和老师的肯定、鼓励，让当时的我觉得自己做得很好，也就不再那么怕演讲了，慢慢地，也就习惯了这样的一个课前演讲制度。

所以，对身边的人，一定要多肯定、鼓励他们做的正确的事情，而不是一味地抓住他们做得不好的地方去批评指责。别人的缺点、弱项并不会给你带来真实的快乐，顶多是一种自欺欺人的优越感罢了。但我们也不能把希望都寄托在别人身上，我们不能控制别人对我们的看法。所以，当我们遇到挫折，遇到失败的打击、他人的冷嘲热讽和不理解时，可以找个地方，一个人静一静，和自己的“心”对话：我做的与我的初衷相悖吗？违反了我的原则吗？从这件事中，我能有何收获？每当我这样和自己的“心”对话时，仿佛另一个自己走出来，对这些问题一一解答，解答完了，我也就想通了，然后回去继续做自己该做的事情。

制定合理的目标

有了信心，我们还要给自己定目标。目标不能定得太高，太高了达不到，反而挫伤积极性，打击自信心；也不能定得太低，轻易就完成了，却也难有什么突破。我认为，目标定在一个比自己觉得自己能做到的再高一点点的地方比较好，这样的目标能让自己的神经一直紧绷着，从而处于一种高效的学习状态。定下目标后，我的习惯是写一个大概的计划，这个计划常常以“周”为单位。比如说，我要在这个学期自学完一本书，这本书共有九章，而一个学期扣除两个考试周还有大约18周，那么我的计划就是一周学半章，再把这个任务分配到“天”，计划每天花大概多少时间在这本书上，等等。把自己要做的事一条条理清了，自己一周的大致安排也就了然于心。然而，光“了然于心”还不够，最好写在纸上，贴在书桌前，不断地提醒自己。计划试行一周后，可以视情况再稍作调整。

一旦计划制订好了，就要全力以赴地去执行，不要让它变成一张废纸。你可以写几句励志的话在旁边，想偷懒的时候它可以激励你。

校内校外的学习

切记，学校的课堂是最重要的！

有些同学会因为在外面事先上了辅导班，从而忽视学校的课堂，这是万万不可取的。首先，学校的老师一定比辅导班的老师更了解你，他们知道你哪里是弱项，并且有着一套完整的教学计划，这对你自己建立一门学科的体系有很大的帮助。而外面的辅导班，由于时间有限，授课时往往会漏掉一些东西，所以，辅导班的课只能作为房屋的装饰，而不能用来作为地基，否则这样的大楼是经不起考验的。或许有人会觉得，辅导班上的课，比学校的课更精炼——老师的“废话”少。其实这也是不对的，慢慢地你就会发现，更多的时候，有用的正是老师的这些“废话”。因为这些“废话”往往透露出老师自己的一些思考、价值观等，而这些对我们的成长是有莫大助益的。书本上其实就那么点东西，来学校并不是只为学那些知识，更重要的是让自己的思想成熟起来。我所在的学校正是有着这样的理念，学生在课堂上的参与性、互动性非常高，这让学生对课堂更加专注，不仅效率高了，课堂的深度也上去了。

除了校内的学习之外，校外的学习也是十分重要的。回到家后，除了完成老师布置的作业，适当的拓展、练习是必要的。做课外练习有两个好处，一是可以提高答题速度，二是可以帮助我们建立这门学科的知识体系。题目做多了你就会发现，一个知识点，也就对应那么几个题型，只要能把握好每种题型的解题思路，那以后再遇到有关这个知识点的题，就不会再害怕了。所以，做题不在于多，而在于把它做精。每做一道题，不妨从出题老师的角度来思考：老师是怎么把这几个知识点串在一起的，又会在哪些地方设置陷阱等。这样做题，要比题海战术来得高效得多。

做练习，不仅要有一定的广度，还要有一定的深度，我非常支持那些有余力的同学去做一些竞赛题，这将会对他们思维的拓展有很大的帮助，甚至可以让他们对此学科获得崭新的认识。然而近些年来，有不少人反对中学学科竞赛，甚至想把它废除。我认为，这是一种非常片面的想法——他们只看到了学科竞赛带来的负面影响：为了竞赛，一些并不适合搞竞赛的同学放弃了其他学科的学习，结果是"赔了夫人又折兵"。这当中当然不乏某些家长不顾孩子的选择，看中了竞赛获奖的各种优惠政策，硬要孩子去搞竞赛，结果适得其反。观察身边的一些理科竞赛"牛人"，我发现，竞赛对他们来说真的就像一个乐园一样，在那里，他们可以让自己的思维在知识的海洋中遨游。学科竞赛能挖掘出这样的"牛人"，让他们的智慧能得到充分的挖掘。然而，学科竞赛的意义又远不止如此。我本人因为身在理科实验班，又对化学十分有兴趣，所以便参加了化学竞赛。这段忙竞赛的经历真的让我受益匪浅，现在想来，重要的并不是竞赛书上的那些知识、题目，而是各种思维方式和一种严谨的态度，这些将会是我受用终身的财富。但我并不赞成那些为了竞赛就放弃其他学科学习的行为，尤其是语文、英语等学科。身为21世纪的新青年，基本的文化素养是必不可少的，否则，纵然你在某一门学科有着超人的造诣，但却因为缺乏这种获取信息、表达想法的能力，同样也很难成为这门学科的顶尖人才。

另外，光做练习还是不够的，如前面所说，我们还要学会归纳、总结。

笔记本、例题本、错题本，就是几项必不可少的"装备"。俗话说："好记性不如烂笔头。"能做好笔记，也是一项重要的技能。如果说不会记笔记，可以去参考如《王后雄学案》之类的辅导书，这些书中对知识模块的结构建立、模块中知识点的梳理，都非常到位。多整理自己的笔记，有助于把这些知识转化成自己的，并加深自己对这些知识的理解。学来的知识就像是一堆堆的素材，需要我们把它们加工组合成一幅完整的作品，那样的知识才真正有价值。

还需要强调的是错题本。错题本就像是一面明镜。人们常说，失败乃成功之母，但若不能从失败中吸取教训，那失败“生”出来的往往还是失败。错题本就能不断加深我们对这些教训的印象，避免再犯同样的错误。

与同伴一起奋斗

既然是在学校学习，你就不是一个人在战斗。你的身边有着许许多多和你有着同样梦想的同伴。在学习上，你和你的同伴无非就是合作与竞争这两种关系。需要强调的是，这两种关系并不冲突。初中的政治书里有这样一个知识点：在合作中竞争，在竞争中合作。这句话，恰如其分地阐述了竞争与合作的关系。竞争意识是要有的，因为它是一种很强的动力，让人产生一种不服输的精神。合作意识更重要，在这里我不妨举两个例子来说明。第一个是在备考学业水平测试时，我们班的同学们纷纷把自己的学习资料贡献出来，相互交流，你问我，我考你，就这样，既能不断地填补自己知识上的漏洞，又加深了同学间的友谊，可谓一举两得。第二个是在保送生考试前，我们班的团结可谓是达到了顶峰，见了面就问“你对最近××事件有什么看法”“你知道×××是什么意思吗”等问题，向别人提问的过程，也是对自己的思考补充、完善的过程。

学习不是生活的全部，在学校，与同学、老师的相处也是生活中非常重要的一环，千万不要忽视身边的人对你的意义。

重视生活的丰富多彩

最后，再回到一开始的话题——生活。生活包括学习，但远远不止是学习。你也许会有很多其他的兴趣爱好，这些会给你的生活增添不少色彩，所以，不要忽视它们。也许有人会发现，自己的兴趣和学习冲突了，怎么办？我想说，时间是挤出来的，况且你也不能一刻不休息地学习。学习累了，就做一会儿你感兴趣的事，再去学习……这样，也不会觉得学习那么累、那么无趣了。只要把握好度，并把计划做好，想要留出点时间给自己的兴趣爱好并不是什么难事。

关于兴趣爱好，我想推荐两个。第一，找点时间去接触大自然，看看山水花鸟虫兽，观察生活，欣赏大自然的美、生活中的美，对调养身心有着莫大的帮助。说得再功利一点，这会为你的写作提供不少的素材。第二，多读书，各种各样的书都可以读一点。我特别推荐哲学类的书，从老子到周国平，认真体悟一番，你会觉得自己看到的世界更宽了，也更生动了，同样，这也对你调整心态有很大的帮助——因为你的思想变得成熟起来。

关于学习方法，个人认为其实没有好与最好之分，只有适合和不适之分。根据自己的特点，找到最适合自己的学习方法，那对你来说自然就是最好的了。前面所讲到的几点，是我认为适合大多数同学的学习方法中几个比较重要的，希望能对大家有所帮助。

最后的最后，我想以屈原的一句话，与诸位共勉：“路漫漫其修远兮，吾将上下而求索。”

希望大家都能为自己的梦想而奋斗，幸福是自己奋斗出来的！

划方法之桨，掌心态之舵，在学海远航

姓　　名：刘舒瑜
录取院系：工学院
毕业中学：黑龙江省哈尔滨市第三中学
获奖情况：全国高中数学联赛（省级赛区）二等奖

> 教材既是学习的起点，又是学习的终点。从教材出发，了解学习方向、学习目的，开展学习；在听老师讲课的过程中学到更多知识；最后回归教材，形成整体的感知，概括总结，精练提高。在这个过程中，我们能体会到它由薄变厚，再由厚变薄，并将知识掌握透彻。

12 年求学路后，终于站在梦想起点的我回首过去才发现，原来通往高高挂在云边的梦想的路只有一条天梯，只有脚踏实地地走好每个台阶，才会靠近梦想。下面是我总结的一些学习方法及心态调整经验，愿对各位有所帮助。

方法之桨

高中学习任务量大，找到适合自己的学习方法如同找到一条捷径。每个人的自身情况不同，方法也应有所差异。

1. 要重视预习

古人云："凡事预则立，不预则废。"农民种地需要事先了解天气、土地等情况，工人建楼需要事先作好设计和预算。学习亦是如此，有效的预习能促成良好的学习效果。

在课前，浏览教材，摸清老师讲课的大致方向，在头脑中形成大致的纲领，同时了解自己已经理解哪些内容，对哪些知识点还模糊不清。目标明确，听课有了方向，必定事半功倍。而且，预习是自主学习的关键，而自主学习是学习生活的主流。通过预习可以慢慢培养我们的自学能力，使我们在漫长求学之路上逐渐得心应手，游刃有余。很多同学在繁重的课业压力下，认为没有时间进行预习。其实预习并不需要很大块的时间，课间的10分钟完全足够去预习下一节课的内容。

2. 要注重课堂效率

认真听老师讲课是获取知识的最佳捷径，老师传授的是经过实践验证的知识及其推导方法，是老师长期学习和教学实践的精华。学习高效者必有极高的课堂学习效率。

那么如何才能提高课堂学习效率呢？我认为需要做到如下几点。

（1）保持课内精力旺盛，头脑清醒。这是学好知识的前提条件。精力充沛，思维敏捷，才会有良好的学习状态和极佳的课堂表现。而“开夜车”的学习方式必然会使我们在课堂上觉得疲惫，影响课堂学习效果，成绩难以提高，得不偿失。因此，我认为最好不要熬夜。在深夜时，我们已身心疲惫，在那几个小时所学到的东西不一定会比课上几十分钟所习得的多；而且众所周知，熬夜伤身，身体是革命的本钱，没有健康的体魄怎会有好成绩？

（2）集中注意力。学习如书法，需要一气呵成。我们的思维都是具有连贯性的，只有自始至终专注地学习，才能将老师讲的东西完全吸收，同时将零碎的知识点整合成完整的知识体系并且有自己的见解。我们经常会发现自己很想专注，但外界的“花花世界”像是有巨大魔力，总将我们的注意力吸引到课堂之外，这总让我们感到无比纠结、痛苦。要想集中注意力，就要让学习、听课变为一种乐趣，让它给我们带来精神上的愉悦。之所以会走神，是因为觉得学习无聊，一旦学习成了乐趣，无论外面的世界多精彩，都不会让我们的注意力涣散。

（3）认真观察、积极思考。不要做一个被动的信息接收者，要充分调动自己的积极性，紧跟老师讲课的思路，对老师讲解的内容积极思考。老师抛出一个问题，不要等待老师给出思路、给出结果，而应该努力地自己找寻答案，进而再结合老师所给思路进行比较，发现自己的优点和不足。如果结论由我们自己的观察分析和推理而得，会让我们在一个问题上找到两种思路，同时发现自己思维的漏洞，这样的学习比直接接受现成答案的学习效果好。这种方法在数学学习上尤为重要。摸索答案的过程会提升我们的成就感，从而增强我们的自信心，为学习增添动力。

（4）抓住老师讲课的重点。领会核心思想，触类旁通，使知识更具有整体感，从而方便理解记忆。尽管高中知识多而琐碎，但每一章、每一节都是围绕着一个重要思想展开的，这些琐碎的知识也都是通过这一思想而紧密相连的。正所谓"擒贼先擒王"，抓住这一思想，领会精神，再结合它去学习其他知识，想必会容易许多，也会省下不少工夫。

（5）做好课堂笔记。笔记记忆法是强化记忆的最佳方法之一。在课堂上耳、眼、手并用，不经意间就增强了大脑对学习信息的反应，记忆起来就更加容易。笔记是一份永恒的笔录，可以克服大脑记忆方面的限制。偶尔忘记了以前老师讲过的知识，还可以翻阅笔记进行复习。但是，笔记仅是帮助记忆的工具，如果老师讲课较快，千万不要为了记好笔记而不听老师接下来讲解的内容，本末倒置。

（6）注意和老师的交流，尤其是提问。遇到不懂的地方，要及时向老师提问。一来，自己在学习上不明白的地方得以及时解决，为下一步的学习做充分的准备；二来，老师得以充分了解学生的想法，清楚学生掌握的程度，以便及时调整教学安排，使学生受益更多。

3. 课后作业的必要性

作业是对课堂内容的复习和深入探究。千万不要将作业当成负担，草草了之。在做作业的过程中，我们对课堂上的知识点进行回顾，就像指挥官一样，将各个知识点统一调度，解决问题。在不断的运用过程中牢记知识，因此作业可以算作第一时间的复习，乃是重中之重。

在做作业的过程中不免会遇到各式各样的问题，不要放弃！先尝试自己去解决，在解决问题的过程中不仅能锻炼自己的思维能力，还能发现自己的知识漏洞。实在解决不了的问题要及时向老师请教，不要拖得太久，问题积攒起来就会成为一个大麻烦。

进行题海战术般的练习是没必要的，既浪费时间，又容易使人产生厌烦之感。不如精做一本好练习册，每一道题都尝试多种解法，以开拓思路，夯实基础，进而学会举一反三，真正地让知识印在脑中。

总有同学会觉得作业太多，总也做不完，感觉很累。请先回想一下你是否抓紧时间了，如果没有，就要好好利用时间。如果已经很专心仍然无法完成，那么必定是在做些无用功了。这时便需要我们用慧眼辨别哪些是有用的作业，而哪些是重复的作业。舍弃那些机器人式的重复，就会节省不少精力。

4. 做好及时的复习工作

孔子言："温故而知新。"每天课下及时复习当天老师讲过的内容，就能使短期记忆变为长期记忆；在阶段性学习后，再对所学内容进行系统的复习，就能在脑海中形成永久记忆。在课下可以通过复习笔记、完成作业的方式第一时间进行复习。等到一个章节、一个学期过去之后，就可以通过列大纲的方式，使知识形成网状结构，从系统的角度来看我们曾经学过的知识点，化零为整，形成对知识整体的感觉。

5. 重视教材

别看教材只是薄薄的一本，但它是纲领，里面的叙述思路清晰，同时也藏着最核心、最精华的部分。教材是思路最清晰、讲解最精辟的“老师”。没有一句废话，也没有一句不清晰的、让我们难以理解的话。教材既是学习的起点，又是学习的终点，从教材出发了解学习方向、学习目的，开展学习；然后在听老师讲课的过程中学到更多知识；最后回归教材，形成整体的感知，概括总结，精练提高。在这个过程中，我们能体会到它由薄变厚，再由厚变薄，并将知识掌握透彻。

心态之舵

关于学习，方法很重要，但态度更为重要。有很多同学是在家长、老师的逼迫下学习的，但在我看来，学习不是机器似的麻木工作，而是结合主观意愿去提高自我能力的行为。只有主观上愿意学习，才能学有所成。所以：

（1）要有学习的动机，找到心中推动自己学习的桨。

（2）要有学习的兴趣，浓厚的学习兴趣与效率有密切关系。兴趣会使我们在探索中习得更多，从而拥有更多突破的机会。

（3）面对困难，永不言败。

（4）学会包容，善待自己。“一分耕耘，一分收获。”

（5）善待亲友，融洽关系。人不是孤立地生存，时时刻刻都需要亲人和朋友的陪伴。

总之，良好的心态是十分必要的。高中学习固然艰苦，但高中生活只是人生的一个阶段，它不应是人间炼狱，而应有生活本来的滋味。有人说，开心与否都是一天，自己的心情由自己掌握。用达观的态度走过每一天，定会为学习助力。

找到适合自己的学习方法，用积极的态度面对忙碌的生活，学习并不是难事。愿各位拥有缤纷的高中生活，让希冀之光照亮梦想之路，让梦中理想得以实现！

那些年的“过关秘籍”

姓　　名：翁凯浩

录取院系：光华管理学院

毕业中学：浙江省镇海中学

获奖情况：第 27 届全国中学生物理竞赛（省级赛区）二等奖

2011 年浙江省高中学生化学竞赛二等奖

2011 年浙江省高中生物学竞赛（A 组）三等奖

2011 年全国高中数学联赛（省级赛区）一等奖

在课堂上要紧跟老师的思路，同时可适当作记录。有问题可快速记录下来并在课后解决，不要在一个问题上“吊死”。也可在课堂中直接提出，但注意不要与老师“纠缠”不清，这会浪费课堂时间，课后解决更佳。

卷首语

一晃三年。

三年前，我们还是懵懂的少年，怀着好奇与迷茫，踏入高中的大门。

三年后，我们已是阳光的青年，怀着不舍与愿景，走出高中的大门。

作为中学层层“闯关打怪”的过来人，我想留给学弟学妹的最实用的只有这“过关秘籍”了。但再好的“秘籍”，若不切身依此实践，便只会成为纸上谈兵。记住：学习还得靠自己，他人建议请细辨；自己决意努把力，胜过书中千万言。

经验本一家之谈，没有人能通过照搬别人的经验而取得成功。对待经验，最好的方法是根据自身的情况加以取舍、改造。另外，老师永远是最好的经验传授者，若有任何疑惑，去咨询老师，相信你不会失望的。

心态

1. 思想准备

进入较好的中学，或者进入较强的班级，在做好承受种种打击的准备之前，不妨自问：进入××中学或进入××班级是不是我自愿的？面对繁重的课业负担和巨大的学习压力我该怎么办？为了实现自己的人生理想我该怎么做准备？此类问题，想明白后你才会在紧张的学习生活中少一分迷茫。

2. 对待平时学习的心态

千万不要马马虎虎应对平时的学习，你也许认为学习很苦很累，你也许认为现在的中学教育是应试教育，做这么多题没有意义。但是高中三年的意义不在于你做了多少题，也不在于考试时的高分，成绩不过是个结果，而知识才是我们应该关心和在意的。积累知识的过程，必然是漫长的。但唯有足够的知识积淀，才能拥有最后的成功。高考成功者不只是考上清华北大的人，每一个在备战高考中成长起来的乐观、自信、坚忍不拔的“战士”都是成功的。享受踏踏实实、坚持不懈地为高考奋斗的过程，才是高中的价值所在。你毕业后就会发现，高中留给你的不是高考，不是分数，而是你在这三年里塑造的品质和那珍贵的友谊，以及那段值得永久珍藏的岁月。

3. 对考试及其结果的心态

首先要拥有绝对的自信。高中的竞争十分激烈，想要取得好成绩，就要拥有绝对的自信。无论你现在成绩是优异还是不尽如人意，都要相信，自己是最优秀的，傲视同侪，非你莫属。但似乎高中的失意总比得意多，那“血淋淋”的分数、鲜红的叉、无数次的排名不断刺激着你的每一根神经，但不要因此失去自信，即使是连续落后很多次也没有理由放弃，因为只要你持之以恒地努力，终将有所收获。失意的时候不妨用一些话激励自己，比如“我是最棒的”，听起来有些狂妄，但确实会使人信心大振。

其次是坦荡的胸怀。“得之坦然，失之泰然。”无论是起伏不定的名次，还是老师的严厉批评，或是生活上的不如意，我们都要坦然看待。过分地关注成绩和排名，只会让我们捡了芝麻，丢了西瓜。

最后，要意识到高考并非我们想象中的那么重要。其实，高考与我们平时的期中考试、期末考试大同小异，所以没必要将紧张放大化。当自己紧张时，也没必要大惊小怪，因为每个人都会紧张。考前睡不着时要这样想：“我睡不着，别人也会睡不着。”况且，对一个处于极度亢奋状态的人来说，偶尔一夜没睡好其实没有多大影响。

各科辑要

1. 战略准备

（1）建立错题本、笔记本、经典题本、易错点集、问题记录本等。

不要求兼备，可根据各人实际情况取舍和合并。例如，针对错题，记录纠错内容的方法有很多，只要能达到知错就改、同类错误不再犯的就是好方法，如可以在教材上旁批，将错题粘贴或摘抄下来，在试卷上标明订正，归类在错题本上，制作成卡片等。各法各有利弊，应当视情况取舍。错题本也不必很精美，够用即可。对作业中的错题一定要认真对待，要分析原因，如知识层面的（知识遗漏、概念混淆、记忆不牢等），思维层面的（思维表面化、片面化、绝对化、僵硬化，思维先入为主等），解题层面的（解题习惯不好、思维无序、读题错误等），规范答题层面的（表达不规范、步骤无序、没突出要点等），计算层面的，等等。分析出原因后若发现自己反复在犯同一类错误，就应有针对性地进行练习，力求突破。理科笔记本应记录要点，不求详尽。问题记录本用于记录在预习时、课堂中碰到的和在做作业时联想到的问题，并应及时向老师、同学请教解决。

（2）多与同学交流，向老师请教。

有问题不要憋在心里，可与同学交流，看看别人有无心得，也可向“大牛”请教学习方法。另外，注意当别人来咨询时千万不要吝啬，因为你的竞争对手不只是同班的同学，还有（也更是）全省乃至全国的学生。隐瞒虽会使你一时在某方面水平比同学强，但这种氛围会使整个班级的水平下降，从而无形之中你也身受其害了。资源共享有利于整体水平的提升，良性竞争才有利于你提高水平。课间及时抓住机会向老师提问。不要嫌麻烦或因为害羞就不跑办公室。若有心态、生活上的问题更要与老师多交流，老师一定会耐心解答的。

（3）提高课堂效率。

在课堂上要紧跟老师的思路，同时可适当做记录。有问题可快速记录下来并在课后解决，不要在一个问题上“吊死”。也可在课堂中直接提出，但注意不要与老师“纠缠”不清，这会浪费课堂时间，课后解决更佳。课堂教授内容乃精华所在，切忌上课不认真听而课后狂补。自习课上要专注，以注意不到别人从旁走过为佳。

（4）注意整理。

高中学习的相关书籍、资料繁多，若课桌内外无序堆放，想必要找某件物什时会抓耳挠腮，时间就在忙碌而焦急的寻找中逝去。

（5）给自己限定时间。

把功课分成若干部分，每部分限定时间。这样不仅有助于提高学习效率，还不会产生疲劳感。如果有可能，逐步缩短所用的时间。

（6）注意保养身体。

① 生活有规律，形成生物钟。针对个人的生活习惯、兴奋时间养成固定的作息和饮食规律。尤其在高考前一段时间，要养成适合自己的生活规律，这样可以保证学习质量、睡眠质量等。

② 积极并适度参加各种体育锻炼。高中（尤其是高三）学习任务重，压力大，但是体育锻炼不可或缺。适当的体育锻炼，首先可以使身体更加健康，为完成高中学习任务提供坚实的后盾；其次可以缓解紧张的神经，增强心理素质，提高学习效率；再次，运动还可以提高学习质量；最后，运动后的舒畅感是学习中无法体会到的。在高考前，更可以以运动或其他方式来放松，缓解高考前的紧张心理。但有以下几点要注意。一是要安全。锻炼前应做好充分的准备工作，不莽撞，运动结束后要适当放松，防止出现运动伤害，以免影响高考。二是要适度。对于自己喜爱的运动项目，不要运动过度，以免造成身体疲惫，影响学习。三是要注意方式。要做到饭前、饭后不要剧烈运动，运动后要注意保暖，同时要注意补水。

③ 要适度休息。起早不贪黑，贪黑不起早。我们既然每天早早地起来，那么就没必要贪黑了。每天中午睡一个午觉，虽然很奢侈，但是很有必要。科学实验表明：睡午觉对人体的各个机能均有明显提高作用（但注意不要睡太久，入睡20分钟左右就可以了）。我们不是超人，应该及时调整状态，及时休息。

2. 语文

对高一、高二的同学，课内文言文一定要认真听讲并摘抄虚、实词的意义。背诵篇目一定要及时背诵，否则到高三时就会更辛苦。课内现代文在会考时也会考到，所以也不能懈怠。当然，课内的优美文段、作文素材、字音字形要多积累。总之，语文素养是细水长流的事，所以课堂上不要无所事事，要积极思考，不必记录详尽的笔记，只要多思考、多吸纳即可。

在语文方面，对于应对高考，还是有些需要注意的。

（1）要注意积累字音、字形、词语、病句。平时遇到不会的、易混的字音、字形均要收录在本子中，并适当归类，要勤查词典，将多音字、特别之处记录下来。也可利用一些已经编排好的资料（如老师发下来的资料等），加强这方面内容的学习。词语也要积累易错的，方法同上。积累病句时要注意病句的六种类型（语序不当、搭配不当、成分残缺或多余、结构混乱、表意不明、不合逻辑）和常见的模式。

（2）现代文阅读答题是有“套路”的，注意分析角度和组织语言。在高三复习时老师会讲，平时也要多从答案中分析“套路”并有所吸纳。

（3）文言文是以课内字词为基础的，但也要积累习题中遇到的固定字义、固定搭配等，若能读完《古文观止》，那是再好不过的了。

（4）古诗鉴赏要积累常见的意象、表达技巧、诗词类别等，并注意分析各类题目常见的提问方式，不要出现题目与答案不对应的情况。

（5）作文：注意积累优美文段、词语、素材、素材的分析等，平时多练笔，可尝试列提纲。

3. 数学

（1）高一、高二要打牢基础，不要把希望寄托在总复习上。

（2）书写不要跳步，并注意突出阶段性结论。数学大题按步骤给分，若不突出阶段性结论，批卷老师会找不到你的得分点，到时就有苦说不出了。

（3）平时注意培养计算能力，尽量不使用计算器。

（4）答题注意严谨性，尽量等价转换，书写不要跳步，并且想想自己的答题有无疏漏。比如，立体几何大题从四大公理和书本中有的定理开始推导。除一个数时要注意非零，使用韦达定理要考虑 $\Delta\geqslant 0$，解二次方程时考虑二次项系数是否为零，别忘记解析几何中直线斜率不存在的情况等。在运算时尽量不要几步并一步，否则会大大增加出错的可能性。

（5）由于数学题常存在一题多解，所以，既要掌握常规的解法，也要在平时多思考是否存在更优解法。

（6）掌握各类题目的基本解题模式，并记住一些常用的二级结论（能帮助你迅速找到解题方向）。

（7）要学会证明一些数学定理。对于一些数学压轴题，往往存在更强的结论，要学会自己思考、证明，也可请教同学、老师。

（8）适当的训练是必要的，可以保持"手感"，但不要盲目刷题。做题后要多归纳、思考并记录。

4. 英语

（1）词汇、固定搭配、句型等是最基础的，各位一定要在这些方面多花时间。记住，多用碎片时间，少搞大突击。每天花固定不变的约半小时来记忆，日积月累，会产生显著的效果。

（2）语法知识的掌握是必要的，但不必花很多工夫在语法习题上。现在高考考纯语法的题已经很少了，要掌握其在具体语境中的应用。多读，不仅能在一定程度上弥补不懂语法的缺陷，而且能培养你的语感。这样，你往往凭着感觉做题就能做对（当然，必要的语法知识还是要记的）。

（3）遇到词汇搭配问题时推荐先查词典，一般自己都能解决。辨析同义词时可看看英文释义。当然，请教别人有时显得更为快捷，但没有查词典那么全面而权威。

（4）每天保持一定的训练量，保持“手感”，比如两天做一篇完形填空、四篇阅读理解等。若发现自己在某一方面有问题时，可进行有针对性的弥补。有高投入才有高产出，若平时能看看美剧、读读英语文章，听听英语歌和广播，那是再好不过了。

（5）对于阅读，如果你遇到许多生词，尽量不要让它们妨碍你的理解和做题。当然，你也要补补单词了。若你是词汇达人，阅读理解题还是常错，就说明你的理解或逻辑出了问题，多去与老师沟通吧，相信问题会很快得到解决。

（6）对于作文，平时要摘录好词好句并在课后常读常背，积累各类作文的常用模板。自己在练习作文时要想方设法地运用些“高级”词汇和句型。我个人很赞成模仿，刚开始时可能会有点别扭，但用多了就习惯了。当然，不要有语法和拼写错误，尤其是“低级”的错误，那是致命的。另外，一手漂亮的字也会帮你提升不少分数！

（7）考试前一天晚上一定要找语感。精做几篇完形填空和阅读理解，要仔细揣摩，不用时间限制。考试前切忌做单选题，因为单选题五花八门，有的很怪，做错将会严重打击你的自信。记住：自信最重要！

5. 物理

（1）对定义、公式、原理及其适用范围做深入了解，有些结论要学会自己推导。

（2）熟悉课本，尤其对一些物理学史、物理知识的实际应用（小资料、图片）等。

（3）掌握分析“套路”，如分析受力时先主动力、后从动力，分析图像时先坐标轴含义、再单位与原点位置、再标度等，另外注意答题中解的周期性和是否要分情况讨论。

（4）许多题存在一题多解，所以不要以为自己会做了就可以不听老师讲解了。另外，应注意各种解法的适用条件和在不同情况下的优劣。

（5）解题要严谨，分析时不漏解，不搞错定理、公式的适用范围，切忌想当然。做受力分析时要严谨，最好画出受力示意图，这样不容易出错。

（6）记忆一些常用的二级结论并能快速推导出来。这对你的解题思路和解题速度有很大帮助。

（7）平时注意培养计算能力，尽量不使用计算器。

6. 化学

（1）作好预习，推荐《王后雄教材完全解读》，里面的知识点归纳较详细，而且例题可以作为练习题以熟悉题型（配有详解）；《重难点手册》也不错。

（2）由于化学课本较简略，所以上课时要认真听讲并适当地做笔记。化学课本也要精读，尤其要注意实验、化学技术等。

（3）化学科目需要记忆的内容较多，且很多知识在现有知识范围内不能很好地解释，所以要注意及时记忆并归纳整理。

（4）注意化学用语的规范性，不要在考试中出现无谓的失分。

（5）化学计算题很少有需要蛮算的，要注意计算方法。

（6）在能力范围内可以适当拓展自己的化学知识面，如看看大学的化学课本，这对理解部分知识很有帮助。

7. 生物

（1）作好预习，可通读生物课本，记忆之后再利用辅导书进行知识补充，有不会的再去看课本。

（2）注意生物名词的准确记忆，如促性腺激素与促性腺激素释放激素、基因库与基因文库等。另外还要注意不要写错别字，如纺锤体、顶极群落、兴奋性递质、性比率等。

(3) 在上新课时，笔记推荐记在课本上，可直接旁注。课本中的内容乃精华所在，笔记只作为补充。

(4) 注意答题“套路”的积累。例如，实验题中对“相同且适宜”“适量”“等量”“同种”等词的正确运用。

(5) 做选择题时一定要认真看完四个选项，因为生物题常出现题意非常相似的情况，不看完全选项，就不能做出正确的判断。

后记

高考已过去一个多月了，原以为自己已逃离了“苦海”（有点夸张），殊不知，这“苦海”也是我再也无法企及的天堂。也许你觉得很好笑，但上了大学，进入社会，回过头来再看时，你将会无比羡慕身处中学，没有外界的干扰，能按部就班地朝自己的梦想努力的人。所以，请君珍惜现在的时光，须知道，此时不搏何时搏？

限于本人经历，这里介绍的一些“秘籍”只针对浙江省高考，如在别的地区，请自行分辨取舍。

我的高中学习经验介绍

姓　　名：付博

录取院系：城市与环境学院

毕业中学：辽宁省辽河油田第一高级中学

获奖情况：全国中学生物理竞赛二等奖

全国高中学生化学竞赛二等奖

全国高中数学联赛三等奖

我要谈谈存疑提问。在这个问题上，同学们有时会走向两个极端。有的同学会考虑所谓的“面子”，而不愿意向老师、同学请教；有的同学则自己还未深入思考，便急于向别人提问。这都是不好的提问习惯。

亲爱的学弟学妹们，你们或许还未步入高中，或许正在为高考拼搏。作为你们的学长，我很高兴能和大家一起分享自己在学习习惯和学习方法方面的一点体会。希望能对大家的高中学习有所帮助。

很多时候我都觉得，其实高中生活也是可以很快乐的，毕竟这是我们一生中难得的美丽时光。但我要说，它的确不是轻轻松松就能圆满度过的：一方面，我们要付出必要的努力；另一方面，我们也要注意学习方法，以提高效率。

我的学习方法

第一点，坚持建立错题集并经常复习。尽管这是无数前辈推荐过的方法，显得老生常谈，但这里我还是要再次强调，因为它非常有效。遗憾的是我在高三才真正认识到这一点，建立错题集的工作做得有点晚。我认为，建立错题集可不是要把所有的错题囊括其中，可以剔除由于计算错误等失误造成的错题，因为我们不会有那么多时间回顾。同时，也不要好高骛远，专门积累难题、怪题。诚然，这些题目可以开阔我们的视野，拓展我们的思维，但是它们也会在复习时占用我们大量的时间，甚至让我们的思维方法偏离出题者的思路。我建议把具有如下特点的题目收入错题集：包含容易遗忘或是混淆的知识点，展示了某种重要的我们却不熟悉的方法，揭示解题技巧（比如如何从题目中挖掘隐含条件），展示一些重要思想，尽管是基础知识却是自己错过不止一次的。当我们再次翻开这样的错题集时，它会带给我们知识上或是理解上的收获。同时，要提醒大家的是，错题集一定要定期翻阅。否则，你的工作就会收效甚微。我个人的习惯是，每个周末找时间翻看这一周的错题，模拟考试前回顾近期的错题。我总能发现，“哇，这个知识点我又忘了！”“哦，这个定理还有这个层次的理解。”“咦，这里还有些疑问。”总之，如果你用心制作错题集并定期翻阅，相信你会有收获的。

第二点，关于强项和弱项。大家都知道要保持强项，弥补弱项。可实际操作起来，却常常会陷入“强项不强，弱项仍弱”的尴尬境地。这里，我想分享关于强项、弱项的个人看法。我属于那种理强文弱的学生。语文和英语成绩曾让我非常惭愧，刚上高中时这两个科目我多次考过班级倒数。不过，这两科我的高考成绩还是很不错的。我的做法是，舍弃了理科的一部分练习（特指重复性的，而且不是全部），腾出时间用于文科的学习。毕竟，只有在弱项上付出超过别人的努力，才有赶超别人的机会。而对于文强理弱的同学，我倒是不推荐你放弃文科学习，而选择做大量理科习题。这样很可能会得不偿失。文科贵在平时点滴积累，既然你已经有了好的基础，再给予适当的努力，那么收获的成绩一定足以令人羡慕。而理科的思维能力不是靠大量时间堆积出来的，大量时间的投入与换来的回报可能不等价。针对理科学习，只要你进行适当的训练和足够的思考，就可以收获令自己满意的结果。

第三点，我想谈谈时间安排。首先，我反对过度熬夜。很多同学有优秀的学习品质，他们每天学习到一两点钟，可是却没有收到良好的学习效果。这是因为，长期疲劳让他们的效率降低，或许他们的一个小时的学习收获没有其最好状态时的十分钟收获大。而且，熬夜会降低白天的学习效率，影响白天的课堂学习和自习效果。其次，我们一定要重视课堂时间的利用。学习新课时要记好笔记，找出疑问，探求知识间的联系；复习时，更要重视老师强调的重点、考点。千万不可老师台上讲一套，自己个人学一套。这样不仅会错过老师们的精心准备，更浪费自己宝贵的复习时间。最后，科学分配各科学习时间，均衡发展。均衡发展并不是要时间相同，时间分配当然要因人而异。但一定要科科“光顾”，否则长期下去，被你忽视的科目就会成为你的弱项。

第四点，我要谈谈存疑提问。在这个问题上，同学们有时会走向两个极端。有的同学会考虑所谓的“面子”，而不愿意向老师、同学请教；有的同学则自己还未深入思考，便急于向别人提问。这都是不好的提问习惯。我们遇到的问题大致有两类：一类是不会做的题目，另一类是知识性的问题。对于第一类问题，我通常会自己变换几种思路，并挑选自己认为最好的写下过程，尽量依靠自己向答案推进。实在解决不了时，再拿着自己的“半成品”找老师或同学寻求帮助。这样，有时候得到的一句点拨，便足以让我茅塞顿开，继续自己完成这道题；或者老师、同学指出我思路中的错误，则会让我恍然大悟，反思思维方法的失误之处。而对于第二类问题，我认为在多数情况下，还是自己查阅课本、笔记比较好。一个盲点背后可能隐藏着对一块知识的模糊。亲自查阅时，无意中可能又发现别的漏洞，而向别人提问往往只是问一答一，却掩藏了更多的问题。

第五点，应试技巧。其实照理说，考试和学习是两回事，但毕竟大家要迎接高考，所以在这里还是要谈谈应试技巧。首先要说的是考试心态。我本人就是个心态不好的代表，一到大型考试，我就无法控制地紧张，于是自招、高考成绩自己都不满意。我要和大家分享的教训就是：面对考试不要有什么功利心，比如考前给自己定目标，理综考某某分数、这次考试要考某某名次、要让某某人满意等。如果考试时心里想着这些，一旦你遇到一点困难，就会乱了阵脚，使本能拿到的分数无故流失。答题时，心态一定要平和。“慢做易题求全对，稳做中档不扣分，敢做难题能拿分。”其次，谈一谈解题技巧。我认为，最重要的是规范解题。大家最好多看看标准答案（这是为了提高会做的题目的得分率，不是让大家放弃个性的解法），了解答案的表述方法和解题得分点，尽量掌握常规解法。答题时既不要过于简略，以致遗漏得分点，也不要太烦琐，这样会掩埋得分点，也会影响评卷人的心情。同时，字迹工整也是答题时必须注意的哦。

我的各科经验谈

1. 语文

俗话说：“兴趣是最好的老师。”但是，很多理科生对语文不但毫无兴趣可言，而且视之为主科中的副科。这种看法十分不利于提高总成绩。我认为，想要在语文这科上取得满意的成绩，一定要注重兴趣的培养，提高对语文的重视程度。

第一，在平时我们要多多积累字音、字形、成语、文言实词虚词、古代诗歌名句等。这些知识十分零散，如果在高一、高二时打好基础，高三时便可省去大量的功夫。这里特别要提醒那些不以题目形式考查字形的省份的同学，千万不要忽视这部分知识的积累。在表述题和作文中如果出现错别字，被扣去的可不仅是错字的分数，还有老师的印象分。

第二，要适当地阅读。叶圣陶先生说过："课内阅读是准备，课外阅读才是运用。"而我要说，课外阅读是提高语文成绩的技巧。学习语文，不要有做某件事就希望立刻有回报这种功利的想法。今日的阅读，也许要很久之后才有可见的回报。高中的学习时间确实紧张，但每周抽出时间阅读还是可以做到的。课外阅读可以为写作积累素材，新鲜、独特的素材会让阅卷老师眼前一亮，远胜于那些陈旧甚至可以说是腐朽的素材。另外，课外阅读能提高我们对问题的认识，让我们的作文闪出些许深刻的智慧之光。慢慢地，我们阅读理解能力会有所提升，阅读题的得分也会在你的坚持努力下得到提升。

第三，要重视规律的总结。尤其是病句和排序题，这两类题的规律性很强，类型十分有限。如果我们能做到自己总结，充分理解，那么就可以事半功倍，把自己从烦琐的题海训练中解放出来，节省大量的时间。

第四，作文的训练。的确，写作需要天分，不是每个人都能成为作家的。但是，恰当的方法和足够的训练也足可以让你写出一篇篇考场佳作。在平时阅读时，尤其是阅读一些范文时，要有意识地背诵好的语句、语段。这些文字可以是修辞的良好运用，也可以是作者深刻而富有哲理的言辞。背诵并不是要你在写作时默写出来，而是要灵活化用，巧妙借用这些美文的形式，并把它和你自己的语言风格融合。如果这些句子的影子能浮现在你的作文中，便会让老师眼前一亮，作文分数也就上了一个档次。另外，想提高作文水平，足够的练习是必不可少的。在老师的要求之外，如果能每一两周自己额外完成一篇习作，并找老师面批指导，你的作文水平会提高很快。

2. 数学

数学是一门基础学科，我们从上小学就开始接触它。高中数学对知识的难度、深度、广度要求更高，数学学得好对其他科目的学习，尤其是物理和化学的学习也很有帮助，因此高中的数学学习是非常重要的。以下是我学习数学的切身体会，希望对学弟学妹们有所启发。

第一，重视数学思想的培养和方法的积累。数学中有很多重要的思想，比如数形结合思想、化归思想、函数与方程思想等。这些数学思想不仅能让我们在解题时思路通畅，更能让我们对数学思想的普适而惊喜，对数学学习产生浓厚的兴趣。另外，平时应该注意积累一些常用的数学方法，如点差法、交轨法、参数法等，虽然很基础，但熟练掌握它们，可以大大提高解题速度。同时，深入理解方法背后的思想，把方法拓展到其他领域，则有助于提高我们解决难题的能力。

第二，注重解题步骤。规范解题不仅是保证得分的基础，更能培养我们严谨的思维习惯。很多时候，我们思维并不严谨，却得出了正确的答案。如果不按步骤书写，便可能错过一道并未完全理解的题，同时也错过了一次修正思维方式的机会。

第三，恰当的训练。数学虽然是思想为先，但要想真正提高数学成绩，离不开适量的训练。训练的目的是提高解题速度和计算准确度。在高一、高二阶段，做习题时一定要按部就班，不要自认为容易就跳过一些基础性习题。重复性训练可以提高我们的解题速度和计算准确度。在高三复习阶段时，为了节约有限的复习时间，则可以跳过重复做过多次的题目，挑选富有新意的题目进行训练。

第四，对于各种题型的看法（这里主要针对辽宁省高考题型，其他省份可适当参考）。填空题、选择题全对是取得高分的基础，由于不出现解题过程，只有满分和零分两种结果，因而更要对其加以重视。这两种题型，难度一般不大，但是可能在最后一两道题上有所创新，出现大家生疏的题目，所以充分的训练是必不可少的。三角、数列、立体几何、概率这几部分题目难度都不会太大，在模拟考试时的难度往往低于学习这部分知识时所做习题的难度，因此只要弄明白在学习时涉及的题目，应对这部分就不会有大问题。解析几何和导数是高中数学题目中的难点，耗时也较长。做解析几何题目时，我们常感觉思路清晰但运算量大。因此，无论我们技巧多强，大量的练习都是不可或缺的。当然，提高运算能力的同时，我们也要重视计算技巧和解题技巧。

数学方法博大精深，下面仅是我个人的体会。计算技巧主要体现在“同理”的运用和韦达定理的使用。解题技巧则体现在用曲线的极坐标方程和曲线的参数方程替代直角坐标方程，以简化运算。相信在训练和技巧的交相辉映下，你能拿下解析几何这道大题。导数题目则和解析几何恰恰相反，很多时候导数题显得有些抽象让人难以下手，想要完全摆平这道题，的确不是一件易事。我推荐学有余力的同学适当学习竞赛知识或是大学知识。这里并非是让大家使用超纲的知识方法解题，而是希望能帮大家打开思路。很多导数题目都是根据函数的凹凸性或拉格朗日中值定理进行命题，又限定了某个特殊的环境，而这两个知识点却又都是竞赛或是大学的内容，高中教学不教授。如果我们事先对此有所了解，那么解决这一大类问题时便游刃有余了。相对于其他科目，高中数学的难度较大，但相信辛勤的付出和技巧的使用，能让你取得满意的成绩。

3. 物理

庄子曾说：“判天地之美，析万物之理。”今天的“物理”一词，便来源于此。物理学便是探索万物之理，崇尚理性，重视逻辑推理的一门学科。物理学的美妙之处，在于其严谨的思维定式及完美的公式推导。二者合一，物理的神圣光辉方能体现。所以，学习物理时我们要做到：崇尚理性，学会多思、多想、多质疑；重视能力，培养自己的逻辑推理能力。我认为，学习物理时具体应注意以下几个方面。

第一，重视物理概念。物理学中有许多概念十分相似，却又有着本质性区别。比如滑动摩擦力和静摩擦力、电势和电势能、矢量和标量等。只有深刻理解这些概念，进行区分，才能为物理学习奠定好基础。

第二，注意培养逻辑思维习惯。在平时的练习中，要养成良好的思维习惯。从这步到那步，一定要有合情合理的推理，而不能想当然，只有这样才能有效提升自己分析、解决问题的能力。

第三，掌握必要的思维定式。这一点在力学学习中尤为重要。确定研究对象—分析力—分析运动—选择合适的物理规律—列式求解等，看似俗套死板的程序，却是严谨高效的思维方法的体现。掌握这样的思维定式，可以大大加快解题进程，提升我们的思维能力。

第四，要重视对物理规律的理解。不要仅仅视物理规律为解题依据，而要深刻理解物理规律，探求各规律的内在联系。其中，了解牛顿定律和动能定理、动量定理之间的推导关系，对我们理解受力和运动之间的关系很有帮助。

4. 生物

首先，希望大家能消除一个误区——生物只要努力背，就能拿高分。的确，与物理、数学相比，生物在逻辑思维上的要求要低一些。但绝不是对逻辑思维没有要求。学习生物，我有以下几点建议。

第一，注重基础知识的记忆。必修和选修课本中有大量零散的知识，需要我们反复记忆才能牢固掌握。另外，对课本中的注释、课后题、补充资料和图信息一定要加以重视。它们都可能成为出题的背景，甚至作为要求掌握的知识直接作为命题考查内容。

第二，重视实验题的训练。实验题是变化最大的一种题目，除了考查我们对知识的掌握外，更考查了我们思维的严谨性。因此，在平时我们要格外重视这部分的训练，并注重实验题解题模式的养成。

第三，答题文字叙述规范化。生物成绩的高低主要取决于主观题的得分情况。回答生物主观题，在保证正确的基础上，要追求使用规范语句。尽量优先考虑使用课本中的语句和题目中的语句，最后自己再使用一些简洁、正确的语句进行作答。毕竟，规范化答题是得高分的保证。

以上便是我的一些学习体会，希望能对大家有所帮助。最后祝愿学弟学妹们学习进步，学业有成！

一分耕耘，一分收获

姓　　名：韩傲雪

录取院系：物理学院

毕业中学：天津市南开中学

获奖情况：全国中学生物理竞赛全国决赛三等奖

全国中学生物理竞赛（省级赛区）一等奖

全国高中学生化学竞赛（省级赛区）二等奖

全国中学生生物学联赛（省级赛区）三等奖

做一道题时，我们不仅要把这道题研究清楚，还要思考这一类题的解决方式，并回想自己以前做过哪些同类题，找出问题的实质，不被表面“包装”所困扰，这样才能不断有所收获。否则，做出一道题就只会一道题，不会迁移到他处，也就很难有所提高。

一分耕耘，一分收获，没有人能不学习却获得知识、取得好成绩。没有付出必然不会有收获，但有时付出了却也没有收获。其实不是没有，而是收获较小，见效略慢。那有可能是因为这个学习方式并不适合你，所做的很多是无用功。不同的人有不同的学习方式，我愿意和大家分享我的学习经验，仅供参考，希望能对你有所帮助。

课前预习

课前预习是很有好处的，可以让你把握一堂课的整体内容及重点，以便有针对性地听课。预习并不需要花很长时间，只需大概浏览一番，了解重点、难点，做到心中有数。预习不是自学，没必要把全部知识学清楚，如果预习过细，既浪费时间，又会导致上课松懈。我的预习是这样：在前一天花十几分钟看一下课本，有时是在课前10分钟看，但一定要看。

课上认真听讲

课上要认真听讲，这是大家都知道的事情，但怎样才算认真听讲呢？我认为认真听讲包括听懂老师讲的重点及做好笔记两点。有同学觉得记笔记会干扰听课，听懂就可以了，不必记笔记。可是“好记性不如烂笔头”，当时记得，过了一段时间，一些内容恐怕早已忘却，就需要查看笔记了。那只忙于记笔记会如何？那样会忽略一些重要内容，而且会影响课堂理解。我认为听讲和做笔记二者缺一不可。学习的根本目的是掌握知识，要牢记在心，不能总翻笔记，但笔记是复习的基础，不能没有。有时同学会发现两者难以兼顾，那么有两种措施：第一，以听为主，课后凭记忆补全笔记，这会让你印象非常深刻，但难度略高，时间消耗略长，且须尽快完成，稍有偷懒就会落下；第二，以记为主，课后消化吸收，但有时因为惰性就不会再看了，以致达不到效果。所以，最好能在抄笔记的过程中就领会老师所讲的内容。当然，记笔记时也要有所取舍。课本上有的，可以不记，在书上标出或等课后再写。重点记书上没有的规律、方法。不仅要记老师的板书，还要记老师提到的一些细节。因为黑板上的大多是一个框架和极重要的内容，一些小问题并没有写，但有时正是对这些小问题的考查反映出你对原理的理解深度。

一节课45分钟，我们有时很难做到一直集中精力不走神。所以，对熟悉的内容，我们可以稍稍放松一下；而对新知识，我们一定要聚精会神，认真听老师的讲解。不要只关注课本，对于老师讲的补充知识甚至超纲内容也应注意听，可以不掌握，但应知道、理解。站在不同的高度，对问题的理解就会不同。

课后复习巩固

课后要做的就是复习巩固，一般可以通过整理笔记、做作业来完成。有时作业比较多，可能写不完，这时如果为了交作业而匆忙补写，那是没有益处的。做作业的目的是为了检查知识掌握情况，通过运用来加深理解，绝不能为了做作业而做作业。在高一、高二时，时间较充裕，不应轻易放弃作业中不会的题，自己做出来与听别人讲解后的理解程度是不一样的。自己做出来才是真正的掌握。此外，做题不在多而在精，有时深入地做一本习题集可能比泛泛地做几本还有效果。因为在深入做题的过程中，你掌握了所有知识点，没有遗漏。

具体到不同学科，学习方式会有所不同。不要以为语文、英语只是靠背，理科只有理解，想想阅读理解、各种公式就知道了，记忆与理解是不可分的。语文、英语需要一定的积累，确实有很多需要记忆的内容，比如字义、单词，它们就像砖瓦，没有砖瓦，用什么盖房呢？但也有需要感悟的内容，语文和英语作为语言，它们是“活”的，通过大量阅读才能体会到其中的意味。

对于数学、物理，我们应该熟记定义、公式，在此基础上进行扩展。数学、物理都是很严谨的学科，各个问题都有严格的定义。可定义作为最基本的内容却经常被遗忘。其实有时用定义就能轻松解决很复杂的问题。而且定义提供了研究问题的范围，在实际研究中也很重要。有的同学不喜欢记公式，觉得用的时候可以现推。推导公式是加深理解、记忆的好办法，但这件事应放在课下做而非考试时。考试时现场推导公式会浪费时间，而对公式的不熟悉会让你忽略一些条件之间的联系。做题时，一个类型的题做几道，掌握了就可以了。做一道题时要看出它的实质是什么，能归为哪一类，这才算真正的理解。做100道题，看到100道题，说明理解还不够。做100道题，只看到10道题，这就很厉害了。老师的讲义经常是很有帮助的，但应理解后自主应用，不可照搬。把老师讲授的内容都了然于心，才能举一反三，融会贯通。

化学、生物都存在知识比较庞杂、知识点多的问题。有人觉得这些东西只能死记硬背，还容易忘记，也不尽然。比如从最外层电子数入手，到金属性与非金属性，再到元素性质，最后到化学反应，只要知道几个基本的有机反应，就可以写出很多同类反应。我们还可以通过分析找到一些现象的理论依据，既加深理解，又有助记忆。记忆与理解并不是割裂的，它们可以相互促进。

对于竞赛和日常学习，我认为应该在学有余力的情况下去参加竞赛。学习竞赛需要看书、听课、做题，会花费很多时间和精力。我不赞成把全部精力投入竞赛而不顾日常学习，应该在完成课内任务之后，利用周末及寒暑假时间学习竞赛内容。竞赛应该作为课外活动，通过学习竞赛知识来开阔视野，增长知识，拓展思维。竞赛内容因学科不同而侧重不同，有的侧重知识多少，有的侧重问题难度。但总的来说，不仅需要多学一些知识，更需要培养思维方式。竞赛题目较难，可能你觉得每道题都不一样，那就应该让自己努力找出同类题之间的共通之处。做一道题时，我们不仅要把这道题研究清楚，还要思考这一类题的解决方式，并回想自己以前做过哪些同类题，找出问题的实质，不被表面的“包装”所困扰，这样才能不断有所收获。否则，做出一道题就只会一道题，不会迁移到他处，也就很难有所提高。当然，做题也需达到一定的量，见多才能识广，见过各种形式，可以加深对原理的理解并掌握其应用。

以上就是我的一点学习心得。很多学习方法大家都知道，个别的也不一定适合所有人。最重要的还是要认真学习，付出努力，再加上运用适合自己的学习方式。正所谓“勤能补拙是良训，一分辛苦一分才”，只有付出了，才能有收获。

选择选择，重在选择

——数学选择题技巧

姓　　名：于越

录取院系：元培学院

毕业中学：山东省章丘市第四中学

获奖情况：2012 年山东省优秀学生

2011 年山东省三好学生

2011 年全国高中数学联赛三等奖

第 28 届全国中学生物理竞赛三等奖

2010 年全国中学生英语能力竞赛二等奖

第 25 届全国高中学生化学竞赛（省级赛区）一等奖

第十届全国创新英语大赛华北赛区三等奖

2011 年山东省高中数学竞赛一等奖

第三届全国中学生数理化学科能力展示活动山东省数学学科一等奖、化学学科一等奖、物理学科二等奖

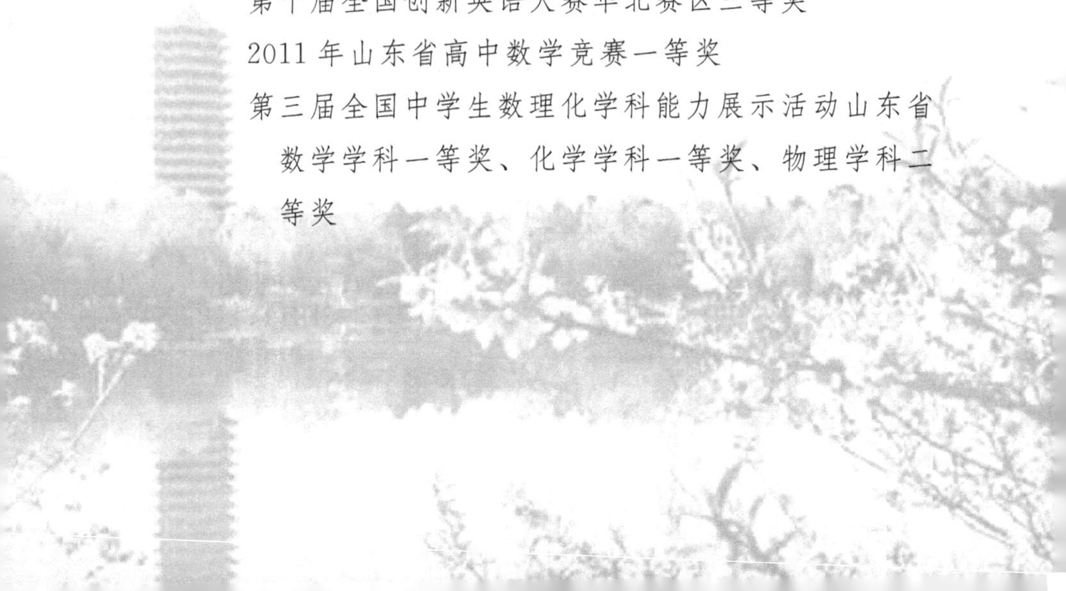

对任意的或没加条件的或不确定的条件的题目，可用特殊法（包括特殊值、特殊情形等），这种方法对解一些数列题尤为有效。要确定一个等差或等比数列需要知道两个条件，但是题目经常就给出一个条件，这时就可以用常数列或者其他符合要求的简单的数列代替求解。

选择选择，顾名思义，重在选择，正确答案就在四个选项中，我们只需要选出来即可。对于选择题，我们既要注重常规方法，又要重视技巧。高中三年里，我经常用到以下几种方法，在这里与大家分享。

直接法

直接从题设条件出发，运用有关概念、性质、定理、法则和公式等知识，通过严密的推理和准确的运算，得出正确的结论。涉及概念、性质的辨析（如立体几何判断题），运算较简单（如集合运算、复数运算等）的题目常用直接法。

例 1　设 $A=\{0,2,a\}$，$B=\{1,a^2\}$，若 $A\cup B=\{0,1,2,4,16\}$，则 a 的值是（　　）。

A. 0　　B. 1　　C. 2　　D. 4

答案：D。

总结：像这种简单的题，运用集合的互异性直接求解就是最简单的解法。

特殊值法

特殊值法适用条件一：用特殊值（特殊图形、特殊位置）代替题设普遍条件，得出特殊结论，对各个选项进行检验，从而做出正确的判断；适用条件二：题目本身就是任意的或没加限制条件的或不确定的。常用的特例有特殊数值、特殊数列、特殊函数、特殊图形、特殊角、特殊位置等，而数列选择题又尤为常见。我们都知道，要确定一个等差数列或等比数列需要知道两个条件，但是题目经常就给出一个条件，这时我们就可以用常数列或者其他符合要求的简单的数列来代替，以求得正确答案。

例 2　$\triangle ABC$ 三边为 a、b、c，若 a，b，c 成等差数列，则边 b 所对的角为（　　）。

A. 锐角　　B. 钝角　　C. 直角　　D. 不好确定

答案：A。

总结：因为 a，b，c 成等差数列，且没有其他限制条件，那么我们不妨设 $a=b=c$，则$\triangle ABC$ 为等边三角形，所以 b 边所对的角为 $\pi/3$，选 A。

排除法

从题设条件出发，运用定理、性质、公式推演，根据“四选一”的指令，逐步剔除三个干扰项，从而得出正确的判断。有关立体几何的判断题、集合运算题等常用此法。这种方法常常从反面考虑，就是举反例，只要举出一个反例，就可说明该选项不成立。

例 3　设 l、m 是两条不同的直线，α 是一个平面，则下列命题正确的是（　　）。

A. 若 $l\perp m$，$m\subset\alpha$，则 $l\perp\alpha$　B. 若 $l\perp\alpha$，$l/\!/m$，则 $m\perp\alpha$

C. 若 $l/\!/\alpha$，$m\subset\alpha$，则 $l/\!/m$　D. 若 $l/\!/\alpha$，$m/\!/\alpha$，则 $l/\!/m$

答案：B。

总结：这个题想必大家都会做，但是若对所选答案不十分肯定，可以对其他选项也进行思考，根据定义、定理或者让直线动起来找反例的方法排除错误选项，找出正确答案。

验证法

验证法是指通过对试题的观察、分析、确定，将各选项逐个代入题干中，进行验证，或适当选取特殊值进行检验，或采取其他验证手段，以判断选项正误的方法。有关定义域、不等式、方程、数列等解的问题，常用代入验证法排除。

例 4　若对任意 $x\in\mathbf{R}$，不等式恒成立 $|x|\geqslant ax$，则实数 a 的取值范围是（　　）。

A. $a<-1$　　B. $|a|\leqslant1$　　C. $|a|<1$　　D. $a\geqslant1$

答案：B。

总结：像这种题设复杂、结论简单的选择题，直接将各选项中的结论代入题设条件进行检验，从而选出符合题意的答案即可。就以此题为例，当 $a=0$ 时，$|x|\geqslant ax$ 化为 $|x|\geqslant0$，显然恒成立，由此排除选项 A、D；当 $a=1$ 时，$|x|\geqslant ax$ 化为 $|x|\geqslant x$，也显然恒成立，故排除选项 C。所以，选项 B 正确。

数形结合法

据题设条件作所研究问题的曲线或有关图形，借助几何图形的直观性做出正确的判断。有的选择题可通过命题条件的函数关系或几何意义，作出函数的图像或几何图形，借助于图像或图形的作法、形状、位置、性质，综合图像的特征，得出结论。方程根的范围、解的个数等与范围有关的问题常考虑用数形结合法。

例 5　设 $A=\{x|1<x<2\}$，$B=\{x|x<a\}$，若 $A\subseteq B$，则 a 的取值范围是（　　）。

A. $[2, +\infty]$　　B. $(-\infty, 1)$

C. $[1, +\infty]$　　D. $(-\infty, 2]$

答案：A。

总结：这个题求取值范围，我们可以通过画数轴来直观地求解。在数轴上标出集合 A 的范围，集合 B 要把集合 A 包含在内，这样，集合 B 也就是 a 的范围就一目了然了。

割补法

我把割补法称为善假于物法，这种方法一般用于解立体几何有关题目。例如，正四面体可借助正方体，三条两两垂直的线、三个两两垂直的面、对棱相等的四面体、正四棱锥、三视图等可借助长方体。对于三视图，我们得出它的直观图（一定是常见的几何体或其组合体）后，要验证一下是否正确，再进行下一步求解。

例 6　一个四面体的所有棱长都为 $\sqrt{2}$，四个顶点在同一球面上，则此球的表面积为（　　）。

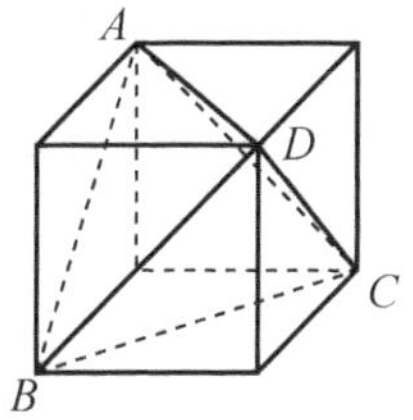

A. 3π　　B. 4π　　C. $3\sqrt{3}\pi$　　D. 6π

答案：A。

总结：直接求解可能有些障碍，但是我们如果将正四棱锥放入正方体中，问题便直观了许多。如图所示，将正四面体 ABCD 补形成正方体，则正四面体、正方体的中心与其外接球的球心共一点。因为正四面体棱长为$\sqrt{2}$，所以正方体棱长为 1，从而外接球半径 $R=\frac{\sqrt{3}}{2}$，故$S_{球}=3\pi$.

温馨提醒

（1）对任意的或没加条件的或不确定的条件的题目，可用特殊法（包括特殊值、特殊情形等），这种方法对解数列问题尤为有效。要确定一个等差或等比数列需要知道两个条件，但是题目经常给出一个条件，这时就可以用常数列或者其他符合要求的简单的数列代替求解。

（2）定义域、不等式、方程、数列等解的问题，可用代入法验证排除。

（3）立体几何判断题：① 看是否满足定理的条件；② 动起来，转起来，考虑全面；③ 从反面考虑，看能否找出例子，找出反例的一定不行。

（4）函数、解析几何、三角等求范围，方程根的范围，解的个数等可考虑数形结合。

（5）集合要注意元素的互异性：$A\subseteq B$ 不要忘记 $A=\Phi$，a 是否属于 A，就看是否满足 A 的条件。集合关系运算可结合维恩图或数轴，注意 $A\cap B$、$A\cup B$ 等元素的特征，也就是 A、B 的关系。

（6）充要条件：首先确定好谁是条件、谁是结论，正确理解“或”的意思：$X=1\Rightarrow X=1$ 或 $X=2$，$X=1$ 或 $X=2$ 不能推出 $X=1$（即只能由小推大）。

(7) 算法要看清条件语句的条件，以及如何赋值、何时结束。否则转几圈找规律，但是不要转得太少就放弃。

(8) 注意否定命题和否命题的区别：p 与 $\hat{p}$ 一真一假，原命题与否命题的关系不确定，注意全称命题与存在命题的否定命题的特征。正难则反易，如果原命题的真假不好判断，那么就看逆否命题的真假，两者等价。

(9) 利用均值不等式求最值时，一定要满足“一正二定三相等”，缺一不可，不满足时：① 凑成满足的条件；② 运用其他方法，如单调性等。

(10) 对称问题：对于函数 $y=x+b$，求对称点时，只需将 x、y 代入即可求得对称点。例如，求（3，6）关于函数 $y=x+1$ 的对称点，那么当 $x=3$ 时，$y=4$，当 $y=6$ 时，$x=5$，所以可得对称点为（5，4）。

(11) 简单线性规划，只要 x，$y\in R$，可以不用画图，求出交点代入就可找出最优解。

(12) 注意函数的奇偶性、周期性、单调性等性质的判定与应用，函数图像问题，可通过特征来排除。

(13) 一元二次型（一元二次函数、一元二次方程、一元二次不等式）要体现换元思想，利用换元将不熟悉的形式换成一元二次型来求解。一定要熟练掌握一元二次函数求最值（值域）的方法（注意 a 的正负，定义域与对称轴的关系）。

(14) 指数、对数、一元二次型要注意参数的范围，这里分类讨论的思想体现得很明显，要及时讨论（包括除以一个数、去对数符号、开根号等）。

(15) 三角变换时平移量始终是 $\left|\frac{\Phi}{\omega}\right|$，关于 $y=A\sin(x+\Phi)+b$ 的题目，求单调区间时一定要注意保证 $\omega>0$，求对称中心、对称轴时则不必考虑。

（16）对于排列组合，就是一个“办事”的过程，只要记住$P=\frac{符合的事件}{总的事件}$，再亲自“办一办”就行，要在“办事”的过程中考虑方法。

（17）灵活运用数列性质。等差数列：$a_n+a_m=a_p+a_q$，$n+m=p+q$（可推广到多个）；S_n，$S_{2n}-S_n$，$S_{3n}-S_{2n}$，…仍成等差数列；等差数列$\Leftrightarrow S_n=An^2+Bn$。等比数列相似。

（18）复数：这是送分的题，沉住气，看清让求什么，计算准确。需要注意：实部、虚部、虚数、纯虚数、共轭虚数等含义，复数除法是常考内容，做题时同乘分母的共轭复数，分母为a^2+b^2。

（19）立体几何要善假于物：正四面体可借助正方体，三条两两垂直的线、三个两两垂直的面、对棱相等的四面体、正四棱锥、三视图等可借助长方体，要考虑清楚的确是有作图必要的时候再作图，能作平面图（如轴截面）的不要作直观图。对于三视图，我们得出它的直观图（一定是常见的几何体或其组合体）后，要验证一下是否正确，再进行下一步求解。

（20）导数：① 记准公式；② 明确几何意义；③ 注意，极值点$\Rightarrow f'(x_0)=0$，反之不可。

（21）圆锥曲线：① 求曲线上一点与焦点一般用定义（抛物线更要注意）；② 注意a、b、c、e的关系；③ 渐近线的有关知识，如由曲线方程求渐近线，由渐近线设方程，双曲线中焦点到渐近线的距离为b，等等；④ 点在曲线上的转化有两种形式，即点的坐标适合方程和点符合曲线定义；⑤ 注意圆的性质，如弦的中垂线过圆心，直线平分圆的周长或面积则直线过圆心等。

（22）记住积分的求解公式，但也不要忘记积分的最初定义，有时需要用最初定义来求图形面积从而求解。

以上是我总结的数学选择题的答题技巧，希望能对学弟学妹们有所帮助。

独立思维

姓　　名：姜　江

录取院系：元培学院

毕业中学：北京市北京师范大学附属实验中学

获奖情况：第十一届“明天小小科学家”荣誉称号获得者

第十届“北京青少年科技创新市长奖”

亚洲国际青少年电影节一等奖

北京市中学生辩论社团联合辩论赛年度总决赛最佳辩手

除却我们不可否认的智商上不多的差距，以及教师等外在因素，我们拥有的资源是基本同等的，都只是三年时间，我们能做的也不过是在有限的时间内去提升自己的效率。

无论是谁，站在高考的大门前，心里一定多少都有些忐忑和不安，甚至会有退却、逃避的心理。但无论如何，你总归是站在了这条起跑线上。你没有权利选择，没有任何人能替代你去经历。

有一首歌叫作《痛快》，里面有句歌词是："痛快去爱，痛快去痛，痛快去悲伤，痛快去感动，生命给了什么，我就享受什么。"歌词写得贴切。高三就是这样一段奇妙的过程，盼星星盼月亮地盼着尽头，等高考结束后，你就会惊叹你居然真的已经走过来了。对于大家来说，18 岁的青春只有一次。所以请认真地经历这个过程，无论快乐还是痛苦，都去享受，享受每一个挑战、每一次征服，不要把它当作一种无奈的负担，而要当作一种不可多得的生命体验。

只有抱着这样一种积极的、去体验的态度，我们才有可能面对这个挑战。既然这一关是无法逃避的，那何不就闯出个名堂。

首先给大家介绍一些学习的小技巧。

充分利用琐碎的时间

有很多人问我，如何兼顾工作与学习。问这个问题时往往怀揣着无限的期待，好像拿到独家秘籍就可以所向披靡。但其实除却我们不可否认的智商上不多的差距，以及教师等外在因素，我们拥有的资源是基本同等的，都只是三年时间，我们能做的也不过是在有限的时间内去提升自己的效率。

在我课外活动比较繁忙的时候，我高一、高二的作业几乎都是利用琐碎的时间完成的。从课前三分钟的开场白，到所有的课间、自习课，我都会用来写作业。我曾经计算过，在不翘课的情况下，最多时可以在学校挤出 180 分钟，而大多数回家写作业的人真正用来写作业的时间其实是不超过这个时间的。但很多人的时间往往被喝水、吃水果、上网等消磨掉了。更恐怖的是，有一部分人总觉得自己“学习”了一晚上，然后把没有做完作业解释为作业多或者自己智商不够，而没有去深究真正的原因。

那么，如何才能利用起琐碎的时间呢？

1. 制造紧迫感

首先我们要让自己有一种心理上的紧迫感。

我在假期的时候也会宅在家里看完 100 集的《新还珠格格》抑或是 76 集的《甄嬛传》，惰性人人都有，而我的紧迫感更多是迫于无奈。对于大多数人来说，我们需要自己给自己制造紧迫感。

（1）奖励法。

你可曾意识到如果你把作业都在学校做完，那么回家后将你可以玩五个小时电脑！当然，我们不能对自己这么“仁慈”，但每天一小时的娱乐时间还是可以的。想办法让自己忙碌起来，作为交换，奖励自己一个小时的 DOTA，但前提一定是把娱乐活动放在最后去做，如果自己没有在截止时间前完成作业，那么就是你自己“扼杀”了自己的娱乐时间！

（2）增加任务。

大多数北京的孩子，作业大约用两三个小时就可以完成，这些作业可能并不足以给大家带来紧迫感，有些人可以适当选择课外辅导书，但实事求是地说，我买的辅导书从来没有用到过，我所做的仅仅是高质量地完成课内作业，这足以保证取得较好的成绩。那么从细节上就有要求，例如要按照适当的频率回顾错题，翻看笔记。这时一定要告诉自己：“我今天必须看完×××，不然不许睡觉！”然后一定要坚定地践行，对自己仁慈一次，就意味着会有第二次、第三次……对自己狠一次，才能把对睡眠的渴求转化为内在的紧迫感！

（3）对比法。

每当自己想看电视的时候，就想想别人！“别人都在拼命地学习，而我还有什么借口忙中偷闲呢？”试想一下，今天的同学，日后一个个都能实现自己的理想，自己却因为一次次的看电视，浪费时间，以后可能只能抱着理想哭泣而无能为力。

2. 养成好习惯

好了，我们现在已经充满了紧迫感了，接下来该做什么呢？要养成一些好习惯，让自己能够更轻易地利用好琐碎的时间。

（1）手机软件。

在手机里下载一个背单词的软件，把它放在最明显的位置上，再把人人网、QQ 都藏在文件夹里。充分利用厕所排队、坐公交车、等电梯、睡觉前等时间背单词。如果你不是一个有自制力的人，一定要强迫自己每天背 10 个，以一周为单位，如果这一周没有背完，那么周末就必须要求自己补回来。我靠这种背单词软件在假期里背完了六级单词。在不知不觉中竟然背了这么多单词，就好像“占了便宜”一样。

（2）便笺纸。

你是不是也曾无数次在课上有问问题的冲动，但是一下课就全忘了？在桌角贴一张便笺纸，记下自己的疑问，然后课间的时候及时向老师提问。还可以利用便笺纸记下当天的作业，记下忽然想到的一句歌词，甚至心血来潮时写的一句诗。

（3）摞作业。

你是不是也经常用15分钟写完一科作业，然后合上书美美地休息休息，一不小心就休息了40分钟。又或者本来在写作业，忽然上课铃响了，于是把作业本合上放到位桌里，然后这一天在学校里就没有写过这本作业。千万不要太相信自己的控制力和记忆力。把当天想在学校里完成的作业全部摊开放在桌子上，课间的时候就可以搞定一科作业。把所有作业本摞在一起，当你写完一科时，看到那厚厚的一摞，顿感压力巨大，于是奋笔疾书，不敢松懈。

（4）题目分类。

做某些科目的作业时，最后的大题往往会卡住你半天，而且那种难题总是需要全神贯注去做的，很难利用课间或其他琐碎时间搞定。所以，要先习惯把简单题在这些琐碎的时间里完成，然后用自习课或者回家之后的大块时间“啃掉”这些“硬骨头”！

学习方法

我认为比学习方法更重要的是发现自己是什么类型的学生。比如说我自己，我具有典型的理科生思维，所以我会选择背单词表而不是通过阅读来记单词。又如，我的短时记忆能力很好，但忘得很快，所以我的副科从来都是考前突击。再如，我的时间相对来说有限，所以我会选择性地放弃一些作业，但那些有价值的作业我一定会高质量地完成。对此，我总结了以下一些方法，希望对你有值得借鉴之处。

1. 固定符号

你是不是也曾想着考前把所有参考书都看一遍，但是每次考试前都看不完？这时符号就会发挥出很强大的效果！比如：陷阱题、不会的题、因马虎而做错的题、经典的题，平时都用不同的符号对它们进行标注。千万不要因为你做对了就不标注。在刚学习的时候，我们对陷阱很敏感，但之后就可能会忽视。也千万不要觉得因马虎而做错的题没有复习价值，这种类型的错题我们总是会一再地错，其实马虎就是思维漏洞的另一种表达方式，即使是计算失误，也可能暴露出你在计算方面存在某种习惯性的缺陷。

2. 高度概括

不知道在你考前翻看练习册时，看到大题有那么多步骤，会不会产生一种根本就看不下去的感觉，更别说重新做一遍了，所以复习时往往没有把这些重要的题目吸收消化。在面对这样较难的大题（尤其是数学和物理）时，我习惯用不同颜色的笔把最关键的步骤写在边上，这个步骤不包括计算、推导，仅仅是一个框架，这样你翻看这道题时，只三四个重点内容，一目了然。

不仅如此，这个方法还可以让你在面对一道思路很复杂的大题时保持思路的清晰。你是不是也曾费好大的劲儿求出一个结果却不知道这个结果是什么？这是因为当我们聚精会神于一些精细的计算时，会忘记它从属于思路的哪一个部分。所以，用这种方法还可以训练思维的连贯性。

每当因为时间紧迫而无法完成作业时，我会参照答案把这个最关键的框架找到，写在题目下边，这样，即使我没有做作业，也会明晰这道题的解题思路，掌握解题步骤。经过长时间的训练，一道中高等难度的数学、物理题，不需要动笔，我基本上就能知道如何解决。

这一点我在语文阅读题上也有很好的运用。当面对一大片文字时，你的思路是不清晰的，很容易从头到尾看一遍，然后什么也没记住。所以，我会用“序号＋关键词”的方式来书写语文阅读题的答案，这样也便于进行我下面会提到的答题模板的总结。

3. 分类意识

高中生应该都积累了超级厚的一摞卷子，有些人会把所有的卷子都留起来以备不时之需，也有些人永远也不知道自己的卷子塞在哪个角落。真正看过两遍以上的卷子不会超过卷子总数的1/5。我们经常因为被卷子总量吓到而不去翻看卷子上的错题。

所以，善于把卷子分类汇总是很必要的。这种分类并不是按照单元来分类，而是按照是否有价值来分类。比如，当我们刚开始学习一个单元，这时候的学案往往意义不大，都是最基础的运算；再比如，要做大量的英语阅读完形、语文的默写等，这些卷子可能就会被我忽视掉。但是总会有一些很重要、很有难度的卷子会被我专门放在一起，比如语文的作文、阅读题，数学的单元练习、大考卷子，英语的范文等。对这些卷子，我们一定要定期回顾，而回顾的方式就是用刚才提到的固定符号，只看被标注过的题目。比如一篇英语的阅读理解，我们很难有毅力再做一遍，但我会用中文把文章大意写在上面，然后去看错题（这里需注意：很多主旨题，即使我们知道文章大意也经常会做错）。而对于数学和物理卷子，回顾时主要就是看陷阱题和框架。

4. 随时总结

随时总结是我认为的重点。现分类说明。

（1）语文。

对字音、字形、成语，我有个专门的本子来积累，其实高考的内容也无非那么几个。古文和阅读，我在期末时会把做过的题目都放在一起，归纳出答题思路。阅读的问题基本上就那么几种

（作用、某句话的含义、某个字的用法等），每种问题基本上从五六个侧面去回答，再根据不同的文章从五六个侧面中提取两三点作为答案。而且文章的类型也是那么几种，到最后阶段争取可以达到一种条件反射：看到一篇古文或是阅读，就能想到类似的文章，然后只要模仿答题方式即可。作文也是需要总结的，老师讲作文时会念很多范文，我们也许无法把这些文章都记下来，却可以积攒一个题目的不同切入角度。时常翻看这些题目，自己思考写些什么，然后再看看别人找的角度，慢慢地，见到作文题目就不会大脑一片空白了，也可以很快找到更新颖、更有深度的切入点了。

（2）数学。

我在数学考试前会从笔记和练习册中归纳出一张小纸条，写了各种易错点和答题技巧（比如 a 的正负、判别式不存在；又如解析几何先考虑 k 不存在，否则当你好不容易求出 k 时就忘了还有另一种情况）。如果你数学成绩没上 110 分，我更推荐你总结题型。这时，你会发现大多数题型都是基本固定的，每种题型都有固定的考点和易错点，甚至固定的答题套路。把它们汇总起来，然后用铅笔在旁边写上注意事项（比如极值要列表，别忘了答题）或者写上框架。这样，把基础分都拿到，上 110 分并不难。

（3）英语。

笔记本对学习英语是很必要的。把卷子分类时，看的都是那种需要靠上下文语境来回答的问题。各种完形的搭配、词组的运用则都要汇总在笔记本上，作文模板更是需要汇总。

（4）物理。

物理的学习我更建议看卷子，找出相同题型的固定答题方式。例如，一些填空选择的陷阱题，一定要总结到笔记本上。又如，对于实验部分，一定要详细总结，即把每一个实验作为一个版块，无论在哪本练习册上发现关于这个实验的新问题，都要归纳到笔记本上。

（5）化学。

在学完一个元素后，一定要把这个元素的所有物理性质、化学性质、相关方程式做一个总结，包括相关的推断题、实验题及归纳图表题。因为化学的内容很零碎，不归纳的话，大脑很凌乱，无法构建成一个体系。而当你归纳之后，每一个元素的知识点就那么多，也不会让你有种手足无措的感觉。化学实验题和物理实验题的要求一样，每种实验的仪器、方程式、注意事项、可能的错误现象及原因、实验的改进方案等，这些都是需要归纳的。

（6）生物。

生物是我们难以掌握出题范围的一门学科。几乎每次考试的选择题里都可能有你没掌握的选项，或是出现在教科书的某一个小角落的知识点，这些一定要全部归纳到笔记本上。而大题的前几问往往都是专有名词填空，这些关键的句子也要归纳到笔记本上。至于那些分析实际问题的、有难度的大题则要通过固定符号提醒自己去定时翻看。

且歌且行

姓　　名：高　珏
录取院系：元培学院
毕业学校：江苏省溧阳中学

> 之所以放弃零碎时间，是因为我认为抱着抢时间的心态做事，必然是急躁的，作业质量也不高，这是要不得的。高三已经不是应付作业的时候了……这种习惯也会导致粗心，草草完成的作业若有很多因为粗心造成的错误，久之就会使自己不自信，考试时总是担心自己有很多粗心造成的错误，又没有时间检查，如此一紧张，常常会考不好。

站在燕园门口，回首来路，双溪舴艋舟，载不动许多愁，载不动许多乐。遇到很多人，经历很多事。这是一段艰辛漫长又不失快乐的成长和蜕变过程。

在今年的高考中，我有幸成为江苏省文科状元。一路走来，没有上很多补习班，没有积攒山一样的练习册，没有熬夜到可以看日出，没有每天被拖着在时钟上爬行，只是简简单单，有书、音乐、美剧和许多朋友相伴着一路走来。或许是因为自己在学习中摸索了一些方法吧。这里想和大家分享一下。

良好的心理状态

对于高三的恐惧感在准高三学生中很常见。很多人会问，如何缓解这种焦虑？我想说，缓解不了，也不用刻意想着如何去缓解。注意力的转移可以帮助我们忽略焦虑感。专注于高三的过程，避免总是想着高考，想着万一自己高考考不好会有怎样的后果，而要把自己全身心投入做的每一道题，听的每一个知识点。高三的复习，是对知识的巩固提升，更是对我们自信的提升。高三的恐惧感，源于对未来的不确定感：万一高考失利，就会让亲友失望，就会赔上自己的未来。恐惧感还源于准备不充分，认为自己没有能力解答难度较大的高考试题；也来源于怕吃苦的心理，认为高三学习就是面对铺天盖地的试卷，就是每天面朝试卷背对星光，就是面黄肌瘦、国宝一样的黑眼圈，就是远离八卦网络，被拴在无止境的习题里。我认为这些观点误导了很多学生。首先，很多高三学生背负的压力往往是自己无意中夸大的，这需要寻找解压出口，也需要父母的疏导。对于高考准备，我认为永远没有准备充分的时候，因为从没有听过有人高考拿到满分，所以不管是谁，都有没有复习到的漏洞和没有掌握的知识点。高三的工作就是对一张漏洞较多的知识网进行修补，尽可能使它变得严密，才能“捞”到更高的分数。高三没有统一的定义，高三究竟是轻松还是艰辛，很大程度上取决于你自己。就比如做完一张数学试卷，有的人只需要 90 分钟，你却需要 120 分钟，你比别人多用了半小时，却不一定做得比别人好，你常常为了几道题目急得抓耳挠腮，恨不得撕了试卷，这种情绪堆积下来就会形成对数学的恐惧、厌烦和逃避。所以，下面我想先和大家交流一下我自己高中三年摸索总结出的一些方法。

良好的学习方法

1. 合理的时间安排

有同学误认为时间和成效成正比，于是就选择熬夜，觉得利用别人睡觉的时间来学习，就能超过别人。可是他却忘了，没休息好，第二天上课就没有精神，上课效率不高，如果上课有 10 分钟没有听好，课后用 1 个小时也补不回来。我高三时最晚 11 点半睡觉，中午也会休息40分钟左右。我坚信，有充足的睡眠才能保证充沛的体力和精力，才能保证第二天的高效学习。

有的同学喜欢利用零碎的时间，这也是因人而异。我不喜欢抓零碎时间，我不会利用课间几分钟去做几道英语选择题或数学填空题。课间，我有时会和同学聊聊天，有时会和同学出去走走，我觉得同学友情对撑过高三也很重要，一个人孤军奋战不如一群朋友并肩前进。有时我会独自在楼道的栏杆边看远处高高低低、或新或旧的房屋，还有夕阳栖息的朦胧远山，看偶尔飞过的一只鸟儿，或者一只花猫从楼下花径间走过，这也算是从自然中汲取力量吧。眼睛放松了，心也轻松了，下一节课我会很专注。

之所以放弃零碎时间，是因为我认为抱着抢时间的心态做事，必然是急躁的，作业质量也不高，这是要不得的。高三已经不是应付作业的时候了，一道题，根据自己的情况你可以选择做或不做，一份作业的价值也是根据自己的情况而定，多做一题或少做一题根本无所谓了。而且，这种习惯也会导致粗心，草草完成的作业若有很多因为粗心造成的错误，久之就会使自己不自信，考试时总是担心自己有很多粗心造成的错误，又没有时间检查，如此一紧张，常常会考不好。如果周末将一份试卷带回家，我通常会选择一个下午专门来做，一气呵成，而不是今天做一些，明天做一些。特别是数学试卷，我尽量限定自己在两小时内完成，最好少于两小时。因为在高考时因为一些心理因素，一道题的耗时必定多于平时，经常限时训练，一来可以提高自己的思维速度，二来可以提升自己的心理素质。若是平时一张试卷要半天才能“磨蹭”完，你怎会有信心在两个小时以内答完高考试卷呢？

2. 学习和娱乐两不误

很多家长认为高三应该砍掉所有的娱乐，让孩子将全部时间都花在学习上，于是就将孩子禁足，拔掉网线，收掉手机。我认为，玩是高三孩子们的压力出口。例如，一些男生喜欢打篮球、打游戏，而我喜欢追美剧，然后和一帮朋友对那些狗血剧情、混乱人物吐槽一番，在这个过程中压力可以缓解很多，也有利于形成活泼开朗的性格。我也喜欢听一些比较有摇滚范儿的音乐，有些摇滚音乐表达了对现实束缚的挣脱，对自由的向往，这很像我高三时的心境。当然除了以爱好为精神寄托外，倾诉沟通也是不错的解压方式。学习上我很独立，不愿父母陪读或者过问太多，但是当我遇到不顺心的事时，总会向他们倾诉，有时也去找好朋友聊聊。只要你讲出来，就会感觉轻松很多。

具体到各科

1. 语文

语文是我喜欢的科目，确切来说，我更喜欢作文，作文是体现个性的项目，也可以说是个人思想的镜子。当然光凭喜欢并不能写好作文。我进入高中后基本没看过作文书，我认为所谓的高考优秀作文会束缚我的思维方式和写作套路，影响我自己的风格。高一高二时，我对于散文和杂文两手并抓。到了高三，和很多老师交流后，我确定自己擅长杂文。于是买了很多杂文集和短篇小说，如《中国最佳杂文》《南方周末评论卷》等，也一遍遍地看了鲁迅先生的杂文，分析、学习他的写作思路。因为杂文并不是完全意义上的议论文，没有固定的模式，所以清晰的思路很重要，能保证把比较散的文章的骨架搭好。通过看一些杂文，我们还能学习犀利的语言方式。我也常常在报刊、网络上找一些热点事件及其相关评论，这些热点往往和社会价值观相联系，对加深自己的思想力度特别是提高思辨性有很大帮助。所以，进入高三，要先确定自己适合哪种文体文风，然后进行专门训练。高三时，课堂上会经常训练作文，我们要珍惜这些训练机会。对于老师给的一道题目，我通常会修改很多次，有时是对不满意的地方进行修改，有时是尝试不同角度、正反观点。曾经有一篇作文我前后写了四次，尝试了不同风格的文体。我经常请不同的老师来评价我的作文，因为高考作文是几个老师评分，一篇作文可能符合这个老师的“胃口”，却不符合另一个老师的“胃口”，所以只有听取不同老师的意见，综合不同的意见，改出的作文才可能人见人爱。

应对高考作文需要做很多准备工作，这些准备工作并不是背作文，而是积累素材，特别是一般人不知道的大师的事迹，这些很能博得批卷老师的青睐。这种积累不是考前翻翻作文素材就行的，而是重在平时。

语文科目中作文是重头，其次是阅读。在阅读方面，老师都会总结答题套路方法，除此之外，最重要的还是读懂文本，首先要抓住主旨，即把握文章的灵魂，然后理清文章的思路层次，抓住文章的骨架。古文方面的练习，也是重在平时，我在准高三的暑假，把所学的古文都复习了一遍，整理重要的实词、虚词、特殊句式等，如此一来底子就扎实了，到了高三复习时就不至于太匆忙。很多同学在做古文作业时，常会先去网上找全文翻译，把握文章意思之后再做题。这种方法的确能让你做好这篇古文作业，但是只限于这一篇。如果跳过理解文本的过程，就不能在实践中发现自己的漏洞、发现自己不懂的字词，也就不能保证在考试中理顺文章。考试中古文虽然只有 19 分，但是会产生很大差距，有时会有 7～8 分，这么大的差距只有通过作文才能弥补，但作文又是主观性很强的项目，谁也不能保证自己一定拿高分。所以，我们一定要重视古文学习。我平时都备一个本子，积累做过的古文里的重要实词、虚词。平时作业里或试卷上的字音、成语也积累在这个本子里，早读课时翻一翻。至于古文默写，暑假里可以着力解决一下，因为难解决的就只有几篇。最好自己真正地默写一遍，因为有时你会背出来并不意味着你写出来的就完全正确（会有错别字）。对于文科生，还要利用假期“攻”名著（高三没时间看整部作品），特别是《三国演义》《红楼梦》，同时还要注意收集相关资料进行背诵，当然光背题目是没用的，还是要回归原著。

2. 数学

数学自然是重头。也许有人会说智力是学好数学的主要因素，但是经常有很聪明的学生数学考不好，就连简单题也做不好。所以，我认为学好数学主要靠细心、耐心和冷静。以我为例，我并不是聪明的人，对奥数之类着实感觉头大，笨鸟先飞，于是我总结了一些方法：数学不在多做题，而要掌握一类题的解题方法；重视错题订正，试卷、作业发下来，我都先自己订正，有的题自己能订正，有的还是想不通，于是习题评讲课上就去有重点地听，不至于盲目或不熟悉题目，听完评讲我会立刻整理，再做一遍；数学课重在训练思维，所以数学课上老师讲例题时，我不会急着记笔记，而是先自己想，然后分析老师的思维方式，注意自己没想到的关键点，学习其他同学的不同方法，课后我再整理出来；每天做作业之前我先复习例题；每次考完试过一段时间，我会再翻看原来的试卷，浏览一下，遇到自己生疏了的题就再做一遍，如果还是做不出来就放在错题集上，把同类型的题整理起来，找出自己不会的地方，总结方法；遇到自己想不通的题经常去和老师讨论，想到不同的方法也和老师交流，有时一道题我会想好几天、找老师几次。

3. 英语

复习英语，我认为重点在于多看多听，而不是多做。多看英语文章，在做阅读题时要在限定时间内做完。要培养英语思维，而不是盯着一句话想它的中文意思，就像我们看中文，不需要把它翻译成英语就能理解，这样才能加快阅读速度，高考时才不会出现做不完的情况。平时多读些英文小说，看看美剧，或者听听英文歌，学学歌词也不错，接触原汁原味的英语，有助于我们培养语感。我们平时说中文时不会反复斟酌语法或者固定搭配，而是脱口而出，所以培养英语语感，让我们看到题目不用多想，直觉就是选那个。毕竟语言是活的，不是钉死在条条框框里的，有很多例子就不符合我们所学习的语法。针对英语我准备了两个本子：一本是错题集，错题不在多，而在精，摘录一个错题时，我会把相关知识点都记录清楚；另一本是积累本，收集地道表达、优美句子和谚语等，这些都是为作文做准备。平时阅读完形题中也常有地道的表达，我们可以根据自己的需要取舍。至于单词，我认为不用刻意去背，掌握一定的构词法，或者结合语境，通常都能猜出其意思。

4. 政治

学习政治，背诵是必不可少的，很多同学会因此觉得课堂不重要。我认为理解很重要，因为哲学上有很多易混淆点，光是死记硬背不管用，所以课堂上对知识点的理解过程至关重要。政治和语文联系很多，因为政治常有理解漫画、古文的题型。我平时会找一些时政事件，思考这些事件反映了哪些知识点，因为政治题目很多是以时政事件为背景的。如果我们只是背书，而不联系实际，在考试时就会不适应，想不出相关知识点。另外，复习政治时，构建知识体系也很重要。一道题往往涉及多个知识点，平时我们就要以知识体系为基础训练这种发散性思维。

5. 历史

历史这门学科也不是死记硬背就能出成绩的，而要靠理解。

首先考试中出现的题目大多都是很灵活的，很少有完全背书就可以完成的题，大多需要结合材料，有时材料里的信息还会和所学知识相背。当然这并不是说不要看书，书本是基础，有了背景知识才能知道材料的本质。我高三下学期将主要精力放在复习语文、数学、英语上，忽视了历史，两次模考历史都勉强得了A。于是我在考前把书和学案看了三遍，也把做过的题目都重做了一遍。因为历史材料题中的材料都是由几个时代的事件组成的，所以我们在复习一个考点时，要想想相关考点，想想它们之间有什么联系，培养自己的发散性思维。通过努力，高考历史我拿了A+。

曲折中前进

我刚进入高一时很不适应，盲目地认为高中生活会很轻松，结果第一次期中考试就像一阵大浪把还沉浸在初中生活的我打醒了，成绩一下子滑到班级中等，自信就像是空气一样被抽光了，人处于缺氧状态，感觉前途一片渺茫。后来妈妈和我谈心，提起一首歌《最初的梦想》，其中有句歌词："如果骄傲没被现实大海冷冷拍下，又怎会懂得要多努力，才走得到远方；如果梦想不曾坠落悬崖，千钧一发，又怎会晓得执着的人，拥有隐形翅膀。"她说："只有挫折才能激发人的斗志，才是一个新的起点。这并不是高考，没什么大不了。高考之后再来看，这不过是无数次考试中微不足道的一次练手。"

最后，我想说，高三并不可怕，只要真心付出过，你就不会后悔。亲爱的学弟学妹们，你的未来由你做主，勇敢地走每一步！祝愿学弟学妹们梦想成真！

点亮目标，稳中求胜

姓　　名：马云帆

录取院系：元培学院

毕业中学：湖北省襄阳市第五中学

获奖情况：全国中学生物理竞赛二等奖

全国高中数学联赛（省级赛区）一等奖

全国高中学生化学竞赛（省级赛区）二等奖

每个人都有自己的兴奋点，我们要结合自己的兴奋点来安排各科任务，实现时间的有效利用。例如在自己很疲惫时要适当放松，进行一些户外运动。我高中三年没有逃过一节体育课，我觉得参加体育活动既能放松自我、强健体魄，又能加强同学间的交流，对自我调节很有帮助。

望着头顶似火的骄阳，我又想起了高三那段激情燃烧的岁月，虽然高考已过去近两个月，但是那些和同学们一起艰苦奋斗的日子，那些倒计时牌上每天变小的数字，那种考前忐忑而焦躁的心情，依然清晰在目。高三被人们称作“炼狱”，但现在回想起来，我在高三很少熬夜，也没有沉浸于题海而不能自拔，但最终我能冲出“炼狱”，凭借优异的成绩步入北京大学这座理想的殿堂，靠的正是心中明确的目标和稳中求胜的制胜秘诀。

高考不只是一场考试，它还是三年的漫漫征程。在这漫长的道路上，如果我们心中没有目标，那无异于在大海中航行而没有指南针。所以，要想取得高考的胜利，首先要点亮心中的目标。

点亮目标

目标不是虚无缥缈的口号和幻想，而是可望也可及的目的地，所以我们在制订目标时一定要切合自己的实际，要让自己能通过努力和奋斗达到目标。当然，目标也不是固定不变的，它应当随自己能力的改变而改变。高中三年的学习分为几个阶段，高一一般还未分科，是打基础的阶段；高二上学期分科后，我们会重点学习所选的课程，是一个精进阶段，也是一个能力提升较快的阶段；高三是复习巩固的阶段。

阶段不同，目标应该也会有所不同。以我自己为例，高一上学期我的目标是各科平衡发展，到下学期我的目标就是在大型考试中进入年级前40名。高二上学期分科时，我选择了理科，但是我发现自己数学偏弱，便将目标改为努力提升数学水平，并保证每次考试数学在班上是前20名；到了下学期，因为要准备物理竞赛的初、复赛，我就定下在平衡高考与竞赛的同时，取得物理竞赛国家一等奖的目标，当参加完竞赛并得知自己并没有取得一等奖时，我便要求自己努力赶上因竞赛培训而落下的课程。到了高三下学期我将目标锁定为清华、北大，并要求自己最后几次市统考稳定在年级前20名。就这样，我在一个个目标的指引和激励下勇往直前并最终实现了自我的超越，收获了成功的硕果。在老师和父母的眼中，我是一个心中有太阳的人，心中的那一轮太阳就是清晰的目标。如果在高中三年的学习生活中，你都能一直点亮心中的目标，那么你就一定能突破瓶颈，克服千难万苦，获得最终的胜利。

稳中求胜

当明确了自己的目标后，学习方法、策略及心态的调整就显得尤为重要。各学科的具体学习方法我就不详谈了，在此，我想主要介绍一下我的求稳策略。

众所周知，高考受很多不确定因素的影响，因此具有极大的偶然性，平时成绩优异的同学可能马失前蹄，惨遭人生的“滑铁卢”，而成绩平平的同学也可能超常发挥。因此，要想在高考中考出自己应有的水平，发挥稳定便显得尤为关键。但说时容易做时难，做到发挥稳定可不是动动嘴皮子这么容易。我认为“求稳”需要从生理和心理两方面做好调整。

生理上的调整就是让自己的生活变得规律化。高三下学期，我每天的学习安排基本上都是一模一样的：早晨6：10起床，6：30—7：10早自习读语文和英语，8：10开始上课；中午12：00下课后到食堂吃饭，然后回寝室学习至中午1：15，再午睡45分钟；晚上6：00开始晚自习，用一个半小时时间完成各科作业，晚上7：40—10：00老师讲课并布置相关任务，晚上10：00—10：30归纳、整理当天的错题，对知识进行复习和巩固。每天如此，时间久了自然就成为一种习惯。如果明晰了自己什么时候该做什么，内心就会宁静而和谐，不易受到外界环境的干扰。有的同学可能会根据当天的情况临时制订学习计划，比如当天有英语考试，那就抽调大部分时间巩固英语知识。这种做法在当时可能看上去有效，但这是一种急功近利的做法，从长远来看，它并不利于知识的掌握和发挥的稳定。另外，我也不赞成中午不休息、晚上开夜车的做法。靠减少休息时间来学习的同学很容易在沉重的课业负担和心理压力下出现一系列问题，偏离生理的稳态。我和很多学长学姐的经验都表明，长时间地保持一种节奏感和规律性对于保持稳定是非常重要的。

心理上的调整主要是心态的调整，又分为生活心态调整和考试心态调整。我们在高三的学习生活环境实际上是一种高压环境，老师、父母的期望以及自己对自己的期望化作一副重担压在我们肩上，快节奏的生活令我们急躁，或许一件小事就能引发一场纷争，因此我们一定要学会调整学习生活的心态，让自己的学习尽量不受外界因素影响。对此，我有三点建议。

1. 学会宽容和淡忘

如果有同学在哪里做得不对或他的做法伤害了你、刺激了你，你一定要宽容，避免矛盾的发生。十年修得同船渡，几年才能修得同室学？大家能成为同学就是一种缘分，切莫让冲动和怒气伤了同学情谊。宽容能让大事化小，小事化了；宽容能让你的心态免受各种干扰。如果纠纷争吵已经发生，那就要尽快淡忘，不要耿耿于怀。试想，如果你的心思全部放在令你不愉快的事上，你哪还有精力认真学习呢？对老师，我们就不是宽容而该是理解了，老师的教诲全部发自肺腑，是关心和爱护我们的体现，我们要理解老师，体会老师的良苦用心。请谨记，老师和同学是我们在高考之路上不可或缺的伙伴，我们应与他们并肩作战，相互宽容。

2. 舍得放弃

有句话说得好："只有放弃暂时不属于你的，才能得到本该属于你的。"舍得放弃是每一个高中生必备的素质，因为不仅考试中要会放弃，生活中也要会放弃。聪明的人应该明白眼前最重要的事是什么，不要分心，把主要精力都投入其中才是明智之举。除了体育课和周末的一些运动和调适，对于网络游戏、朋友聚会等，建议大家还是暂时放弃吧。

3. 能够自我调节

大家都知道再坚韧的钢片经过无数次打击和弯折后也会断裂，一个人经过多次打击后也会心灰意冷、丧失信心和动力。考试失利是常有的事，我们该怎样才能做到平和地应对，保持"看庭前花开花落，望天空云卷云舒"的淡定心态呢？要诀就是学会自我调节。遇到困难，向老师、家长寻求帮助确实是好方法，但更多情况下需要我们独自面对。面对挫折和打击，我们要学会自我安慰、自我暗示，以保证自信上进的心态。

自我调节还包括劳逸调节。我们不能利用一切时间来学习，而应该利用一切学习时间。每个人都有自己的兴奋点，我们要结合自己的兴奋点来安排各科任务，实现时间的有效利用。例如在自己很疲惫时要适当放松，进行一些户外运动。我高中三年没有逃过一节体育课，我觉得参加体育运动既能放松自我、强健体魄，又能加强同学间的交流，对自我调节很有帮助。

在考试中保持心态平和也很重要。遇到难题或不会做的题时不要紧张，若实在没思路就先跳过；遇到简单题时不能暗自窃喜、疏忽大意，用一句话高度概括就是“我易人更易，我不大意；我难人亦难，我不怕难”。在考试中我们要有一种大将风度，有一种全局观。会做的题都做对，能拿的分都拿到，这就是胜利。当然，很多人觉得做到这一点很难，所以检查在考试中也很必要。有同学会不禁感慨：“我题目都做不完，哪还有时间检查啊?”其实检查也有方法，我的检查一般是和做题同步进行的，比如做数学选择题时，如果觉得哪道题拿不准，我就会用另一种方法再算一遍，或把答案带入题中进行检验。这种检查方法会降低答题速度，但却能大幅度提升正确率，还能增强自己的心理优势。正确率虽然排在第一位，但答题速度也很重要，因此要合理分配时间。我做数学试卷时，选择、填空题一般控制在 35 分钟（10 道选择题，5 道填空题，共 75 分），中档题一般用 60 分钟（4 道大题，共 48 分），40 分钟留给最后两道大题，还有 5 分钟用于检查答题卡填涂情况。每次考试都按计划进行，你就能从陌生的试卷中找到熟悉的答题节奏和应试感觉，从而做到临危不乱，正常乃至超常发挥。

还有一点需要重点说明：在考试中同学们一定要专注于自己的答题，排除干扰。考场上会有很多干扰，如监考老师走来走去，旁边的同学做题速度飞快，你能听到他翻试卷的声音，坐在你后面的同学踢你的椅子，等等。不论环境多恶劣，一定要排除杂念，专注于自己的解题思路，从而将客观影响降到最小，争取正常的发挥。

最后我想说，每个人在生活中或多或少都有过含泪奔跑的体验，而高考就是这样的体验。享受高中艰苦并快乐的生活，享受高考惊心动魄的48小时吧！祝愿每一个学子都能实现梦想，饱尝那份来之不易的喜悦。

学习方法之浅见

姓　　名：陈明彬

录取院系：物理学院

毕业中学：北京大学南宁附属实验学校

一个人如果在学习中不能够独立思考，就不能把知识变为自己的。一个不会独立思考的人会受到别人思维的左右，思想会受束缚。不独立思考、不主动学习新知识的人，只能学到些肤浅、皮毛的东西，永远掌握不了精髓。

对于学习方法我确实没什么高见，适合自己的学习方法才是最好的，不过我还是想和大家分享一下我的学习经历，如果能对大家有一点点帮助，那将是我的荣幸。

培养良好的学习心态

学习成绩不够理想，绝大多数情况下不是因为智力有问题，而是因为学习心态存在问题。学习心态的好坏，直接影响着我们的学习兴趣、学习行为等。因此，成功的学习离不开我们的付出与良好的学习心态。那么，拥有怎样的学习心态才能提高自身素养，不断充实自己、不断成长呢？

中国有句俗语："活到老，学到老。"孔子也说过："三人行，必有我师焉。择其善者而从之，其不善者而改之。"关于学习心态的至理名言太多太多了，这里我也就不重复了，大家心里都明白，就看如何付诸实践。而我想强调的只有几点。

1. 避免急功近利

有的同学从小就接受这样的一种思想：万般皆下品，唯有读书高。全家的希望都寄托在一个人身上，学习成了改变一家人命运的工具。如此，学习不仅成为一种责任，更是一种负担。学习是可以改变命运，可追求物质财富不应该成为学习目的。

做学问是一件长久的事，不能带着功利的目的去学。很多同学都是希望能通过高考改变自己的命运，从此鹏程万里。但是，为了将来不辛苦而学习，真的能承受学习带来的辛苦吗？更不用说享受学习。

要我说，我们应该是为了学习而学习。抱着求知欲去求学，享受着接受新知识的快乐，又怎会感到辛苦呢？这样一来，学习效率不就高了吗？当你解决了一道难题、弄清楚了某个定律时，难道不觉得这是一种回报吗？让自己真正融入学习中，着手现在，不理会有怎样的未来。学海无涯乐作舟，还怕学不好吗？

不为更好的前程，而为了学到新知，为了享受快乐而学习，有了这样的学习心态，就能在学业繁重的今天有所成就。

2. 避免攀比

有些人觉得幸福与否都是从与别人的比较中得来的。但是盲目攀比只会让人活得更累。我觉得这种心态在学习上还是不要为好。

一旦和身边的人攀比成绩，就会不自觉地把自己锁起来，拒绝和别人分享自己的见解，想通过自己偷偷努力超越他人，这无异于“闭关锁国”。相比之下，我更喜欢与别人讨论交流，因为在交流中我们会学到更多的东西，在交流中经得起推敲的才是真理，交流中碰撞出的是全新的见解。所以，学习不只是一个人的事，即使是伟人，马克思也是在恩格斯的帮助下才完成《资本论》的。所以，我们不要让攀比心态阻碍交流，抱着包容的心态学习，与团体一起进步。

3. 杜绝浮躁

学习要脚踏实地，要不得半点浮躁。人一旦浮躁，往往会事与愿违。

年轻人往往容易冲动，坐不定。我也曾因浮躁一度止步不前。记得有一次测验，我意外地考了第一名，于是我就认为学习也没什么难的，这么容易就考第一了。之后学习起来就没那么认真了，整个人都“飘”起来，上课不认真听，自习课看漫画，作业常常缺交。结果下次考试时，有的题目光看都似懂非懂，有些题虽然会做，却因为粗心而犯了错，总之成绩很不理想。可见，浮躁是万万要不得的。

浮躁的危害我们都知道，可我们怎么才能远离浮躁，定下心来学习呢？学习时就要做到心无旁骛，把所有杂念都抛开。不要心急，欲速则不达；不要妄想学了一点就能有成效，这样只会导致一知半解。当考试成绩没达到自己的期望的时候怎么办？我是这么想的：“成绩都是浮云，实力才是王道。”最后我可以做到忽略成绩，把精力放在研究试题上，看看自己还有什么没懂，哪里没掌握，然后改变自己的研究侧重点，不断完善自己。

学习要独立

学习上要告别依赖，要独立，但并不是孤立，平时还是要和同学们多交流、多讨论。我所说的独立是指独立思考，主动探究新知。

高考之后，我给表弟做起了家教。我在辅导他做练习题时，发现他看起来听得很认真，可当他自己独立做题时竟然无从下手，我又继续教他这道题该怎么做，他马上就懂了；我把题目稍微变形之后再考他，他依然不知道从何入手。这是为什么呢？因为他已经养成了依赖他人的学习习惯，欠缺独立思考，总想依赖我来解答。

一个人如果在学习中不能够独立思考，就不能把知识变为自己的。一个不会独立思考的人会受到别人思维的左右，思想会受束缚。不独立思考、不主动学习新知识的人，只能学到些肤浅、皮毛的东西，永远掌握不了精髓。

我发现习惯于依赖的同学还真不少。有的同学依赖参考答案，一遇到不懂的题就参考答案，不给自己独立思考的机会。可是，答案不是自己探索出来的，这是没意义的。有的同学依赖老师，上课只顾着听老师讲课，虽然还一边做着笔记，却没经过大脑的思考，就像复印机，这样怎么能领悟精髓呢?

独立思考，顾名思义，就是通过自己的理解和思考得到真正的答案，形成独到的见解。那怎样才能告别依赖，提高独立思考的能力呢? 接下来就介绍一下我是如何独立思考的吧。

遇到不会做的练习题时我从不抄答案，答案是用来纠错的，不是用来抄的。做练习遇到拿不准的题目时，大多数同学会选择先看答案，把正确的答案写上去，而我是先写出自己的答案，然后再对答案。这样既能独立思考，又能让自己铭记这类题的考点和解答思路。

很多同学把重点放在习题上，其实大多数习题都是“万变不离课本”的。回归课本，把课本研究透，还怕有什么习题是不会做的吗? 关于课本，我都会“跑”在老师的前面，自己先看课本，主动思考，靠自己去理解课本的内容，待到老师讲课时再注意比较自己和老师的见解有什么不同，然后取其精华。这样就不会受到老师思维的束缚，而且对课本有属于自己的见解，学到的知识才真正属于自己，应用起来也更得心应手。

如何让独立思考成为习惯呢? 我觉得应该积极发挥自己的主动性和创造性，多发表自己的看法，多和大家讨论，让自己的思想活跃起来。上课时我虽然不经常发言，但只要与同学或老师的见解不同我都会积极发表我的看法。回到宿舍，我和同学常常为一道题、一种观点讨论许久。讨论需要每个人都发表自己的看法，这会带动我们去思考。

记忆力不好，是因为我们记忆的是课本的知识、老师的经验，只有经过独立思考、独立学习才能将其变为我们自己的，如此才能终身受用。

敢于质疑

“质疑”一词，《现代汉语词典》解释为“提出疑问”。

我觉得质疑有两个层面的意思：第一个层面如词典里的解释，第二个层面就是指表示怀疑。

质疑，就是学习新知识时要心存疑问，要多提出问题。学习过程中离不开质疑，我们要敢于质疑、善于质疑，才能在质疑中不断进步。

亚里士多德有句名言：“思维是从疑问和惊奇开始的。”其实，提出一个问题比解决一个问题更重要。很多同学学习时只掌握书本上的表面知识，很少深入探究，甚至不求甚解，缺少刨根究底的精神。纵观科学史，大凡有建树的人，都爱刨根究底。我们在学习和生活中都要有刨根问底的精神，只有敢于质疑，善于提出问题，才能学到丰富的知识。

学习中如何质疑？我觉得应该多问“为什么是这样”“为什么不是那样”。我在辅导表弟的功课时，才发现原来初中学的知识很简单，而我那时却想了很多。比如关于望远镜和显微镜的那节内容，书本只要求掌握望远镜成的是虚像，显微镜物镜成的是实像。我当时就思考它们的成像原理，为什么通过它们能看到被放大的物体？我当时不仅自己试着画出光路图，而且花了一周多时间来不断完善，还买了几块凸透镜和凹透镜，试着自己制作望远镜和显微镜。不但如此，我还想到把显微镜的成像原理运用到望远镜上，可以先用一块凸透镜使远方的物体形成一个倒立的虚像在近前，然后再用两块凸透镜，像显微镜一样把虚像放大，那不是就得到一个正立的放大的虚像吗？可是这个实验对于一个初中生来说太复杂，所以当时没能证实我的想法。

多提出问题，多思考，如此才能拓宽思维，才能领会精髓。

要学会质疑，要敢于怀疑。发现问题时要敢于怀疑，敢于否定，敢于挑战权威。古人云："学贵知疑，小疑则小进，大疑则大进。"

亚里士多德曾提出一个结论：力是维持物体运动的原因。之后的两千多年，都没人敢质疑，如果牛顿不敢大胆质疑，那物理学将依旧停滞不前。

科学的进步史就是不断改错的历程。世上不存在不可置疑的真理，我们应该相信自己，不必惧怕权威。在我们平时的学习生活中，肯定会遇到一些问题，与老师的思想不一，与提供的答案不同，这时不要轻易否定自己，因为自己不一定是错的。如果这么轻易地否定自己，就会变得人云亦云，没有主见。不过如果发现的确是自己错了，还是要虚心改错的。

学业与课余兴趣爱好都不可忽视

我喜欢学习，可我也喜欢篮球、桌球还有 QQ 飞车。有人说："学业那么重，哪有时间精力培养课余兴趣爱好？"有人说："太放纵自己的兴趣，哪还有心思学习？"

学业固然重要，但课余兴趣也不可小觑。我爱打篮球，打篮球可以锻炼身体，对大脑的开发也是有利的。有些同学喜欢看小说，可以拓宽视野，丰富思想，对写作很有帮助，对人生也很有助益。其实培养兴趣爱好，有助于培养一种正确而积极的人生观、世界观。

很多同学选择牺牲课余活动时间来学习，两耳不闻窗外事，一心只读圣贤书。当然，除非学习就是你唯一的兴趣，否则这只会让你更压抑，而且也不一定会取得理想的成绩。而有的同学玩得太过火，导致学习状态差。这两种做法都是不可取的。

可鱼与熊掌何以兼得？

若要做到完成学业与培养兴趣爱好两不误，你就要给自己安排一个时间表。比如，我安排每天下午四点半到六点打篮球，其余时间都不碰球。如果克制不住自己，学习时老想着打球怎么办？那一般是因为太清闲，没事做才会如此。这时我就给自己安排学习任务，让自己没有闲暇去理会篮球。如此一来就能让自己定下心来学习，就不会浮躁。总之，放松时要把握好度，学习时间就要认真学习，心无旁骛。只要及时调整好心态，你的状态不但不会差，反而会更加精力充沛，学习效率很高。此所谓，一张一弛，文武之道。

课内学习与课余兴趣如同左右脚，如果你能妥善安排它们，两者不误，必能闲庭信步，不断进步。

以上就是我认为对大家有用的学习经验。正如我在前面所说过的，学习方法并没有统一的标准，因个人条件不同，选取的方法也不同。实践是检验真理的唯一标准，希望我的学习方法能为大家今后的实践提供参考，能帮助大家在实践中找到适合自己的学习秘籍。

做精明的中学生

姓　　名：周冠宇

录取院系：经济学院

毕业中学：吉林省吉林市第一中学

获奖情况：2010年全国高中数学联赛二等奖

第25届全国高中学生化学竞赛（省级赛区）二等奖

第28届全国中学生物理竞赛二等奖

> 投入地听讲，指的是能在课堂上将老师讲解的和教材表达出来的所有知识消化理解。要做到理解，就不能仅仅停留在表面，而要做到有深度、有广度、多角度地领会；要能联想到其他知识，自觉将其连成网络；对艰深的概念要深刻理解，要能在心里提出问题。

回顾三年的高中学习生活，我一直试图挖掘出一个高中生所能达到的最佳水平或者说状态。反复思量，再三斟酌后，我认为这种水平、状态应该被概括为“精明”。

精明不等同于聪明，聪明是先天的素质，而精明是你我都可以达到的。

学法精明——最少的精力、时间投入，最大的产出

精明的学习者如何学习？我认为只需要而且必须投入地听讲，优质地完成作业。

这句话听起来可笑，因为绝大多数同学上课时都在教室里坐着，第二天都能上交作业。可是这句话要求我们做到的不仅仅是用功学习，更要用心、用脑去获取知识，这是我的一位恩师的重要理论。

投入地听讲，指的是能在课堂上将老师讲解的和教材表达出来的所有知识消化理解。要做到理解，就不能仅仅停留在表面，

而要做到有深度、有广度、多角度地领会；要能联想到其他知识，自觉将其连成网络；对艰深的概念要深刻理解，要能在心里提出问题（这是用心学习的外在表现）。要重视接受新知识过程，以及初次学习的重要性，宁可笔记没有跟上，也要在大脑中形成理性认识。

特别提醒上过衔接班及通过其他方式提前了解了高中知识的同学，对大多数人来说，什么方式的学习也比不上课堂上的学习。对于你，再听一遍有利于堵住一些知识上的漏洞。即使你真的已经全部掌握，利用课堂学习的机会温习一遍，可以将其巩固下来，成为永久记忆。经过这样的过程，之前学过一遍的优势才能得以体现。

作业，包括老师布置的一切课上及课后任务。这些任务是老师们精心设计、特意安排的。优质地完成作业不是简单地将题做完。做作业的过程中，要下意识地了解每一道题对应哪些知识点。对于这些知识点我们掌握得怎么样？如果掌握得不好就要找题再加强。有没有知识点被我们遗漏了？有的话也要通过做习题补上。从每道题来看，如果是选择题，我们不要仅仅选出答案了事，要对各个选项都研究一番，这样做看似费时费力，但实际上减少了做大量课外习题的必要，反而节省了时间、精力。

至于做课外习题，我认为不必太多。一般情况下，两本习题可覆盖对应考查内容的全部知识点，作业内一本，作业外一本即可。能力较强的同学甚至不必补充做课外习题。总而言之，我们要结合自己的实际情况，合理地做出选择，切不可盲目跟风。

对于听课和做习题过程中产生的疑问，处理的方法同样要精明。如果时间紧张，比如考试前，我们不妨向老师或同学请教；如果时间充裕或者问题较简单，我们就要抛掉“拐棍”，独立思考。这样做，一方面我们可以体会到通过脑力劳动获得成果的乐趣，增加主动思考的积极性；另一方面我们能锻炼大脑，精明加上聪明，何乐而不为呢！

综上，我们看到，精明的学生多出来的时间不是通过放弃课间休息、体育课、体活课获得的。用高效的方法自然获得了比别人多的自主利用时间。那么，自习课上如果你发现自己既定的任务已经完成，但还有富余的时间，怎么办？我的建议是翻看教材，将课本从头到尾读一遍，你会发现原来看起来枯燥无味的教科书竟然有如此多的乐趣——生物书就像一本科普读物，三本必修《分子与细胞》《遗传与进化》《稳态与环境》各成体系，将知识娓娓道来；物理书则让我们领略物理思想，深刻体会物理规律的简洁普适性与严谨性……当然，读书不能只看热闹，我们应该借着这个机会，严谨地梳理各知识点之间的关系，再结合自己从习题中得到的对知识的理解，构建知识网络。

什么是知识网络？有的同学会想，那不就是教辅书每章前面都有的形状奇怪的图表吗？有必要花时间做这个工作吗？那是纸面上的，并没有进入我们的脑子里，形成我们自己的认识，而且那也只是编者或图书编辑结合自己的理解绘制而成的，并没有包含我们自己经过做题而积累的宝贵经验。只有自己尝试将书中知识总结成体系，才真正算是掌握了这门学科，也让我们能够站在一个更高的高度上体会教材编者构建体系的良苦用心。当需要复习时，我们只需要闭上眼睛，打开知识网络，想到一个知识点，就把解决相关问题时的要点想一想，复习的效率会大大提高。总之，构建这种知识网络对我们的学习大有裨益。

考试精明——只是过程，绝非结果

高中期间，考试次数频繁，月考、期中、期末……学有余力的同学还会参加竞赛考试、自主招生测试……要想让这些考试充分发挥其效果，对我们产生巨大的帮助，我觉得应以下面两点作为前提：第一，对于大多数同学而言，高中期间的所有考试只是过程，不是结果，高考才是我们高中生活的结果；第二，考试是一种高效的学习方式。

第一点是从心态出发的。我们既要认真对待每一次考试，将每次考试作为高考的练兵，又要做到不过分看重，也就是战略上藐视它，战术上重视它。

考完试后，要胜不骄，败不馁。考得理想的同学不要翘尾巴，适当地奖励一下自己之后就要努力延续良好状态，做好下一阶段的学习工作；实际成绩和自己考前目标有差距的同学不要沮丧，要相信自己的实力，奋起直追。这句话是我初中班主任不断强调的，即使到了高中，他也时常用这句话勉励我，帮助我走出了许多次失败（如竞赛失利、自主招生笔试没过关）的阴影。

第二点是从方法出发的。考试时，我们要在有限的时间内完成试卷，这实际是在训练我们对时间的安排能力，我们要把考试看作检验我们能否在短时间内统筹兼顾，获取最大收益（分数）的一次机会。另外，考试时，大脑高度集中，有利于我们发现自己平时学习的漏洞。

考试是一种由学校组织的高效的学习方式，次数有限，而且耗费了学校较多的教学行政资源，所以我们一定要珍惜这有限的机会。

考试后，我们应将试卷再研究一遍，将做错的题连同平时练习中的错题整理起来。避免再次犯错是基本要求，更高的要求是透过错题看到自己未完全掌握的知识点，以点带面地将知识网络织好。另外，除了整理错题，我们也可以把自己认为非常经典的题目积累起来，因为有的题目真的令人拍案叫绝，有时候你只要掌握一道题，对付这一章的题就都没问题了。

我认为，只要在大脑中形成了知识网络体系，手中积累了错题、精典题，我们平时的练习就没有白做，考试就没有白考。

以上就是我的考试方法论，我一直是以此为指导思想对待考试的，只不过没有提炼成一句话。有一天，我在母校吉林市第一中学看到了“考试是高效的学习方式”这句标语，感觉这和我的想法是完全契合的。

所以说，考试并不可怕，只要我们平时投入地学习，考前认真地复习，考时全身心地投入，考后认真地反思总结，考试就可以为我所用，帮助我们更上一个台阶。

心态精明——营造良好的心理环境

高考看起来是做几份试卷，实际上是我们高中生学习生活的综合体现。高中生活教会了尚处于校园中的我们面对竞争、面对压力、面对困难时要力争上游，积极健康地获得高考的丰收。

我从初中班主任那里学到了要保持平和的心态，也看到了自己在人格上努力的方向——做一个有益于社会的人。到了高中，我的成绩取得巨大飞跃，最终能步入燕园，我想从根本上也得益于他对我的教导。老师常说小胜靠智，大胜靠德。所以，是否具备良好的人格、心态，也决定着高考能否取胜，考出理想的成绩。

首先，要懂得感恩，感谢祖国、父母、老师及所有关心我们成长的人，这解决了我们学到知识后为谁服务的问题。要多关注我们生活的世界，了解国家大事，形成自己的见解，具备主人翁意识；同时，应着重探讨解决问题的办法，理性地思考问题，不要盲目激愤。高考也是在考查我们的人生观、世界观，因此要关注社会现实，对社会问题有自己的思考，这对语文的答题也有着直接的帮助。

其次，要处理好人际关系。同学们三年朝夕相处，一旦同某人的关系处理不好，会影响我们的心情，心情不舒畅，自然会对状态产生影响。要客观地看待每一个人，看到他们的优点和缺点。人际关系好的同学还可能有意外收获，得到朋友在学习上的巨大帮助。

最后，和老师和谐相处显得更重要。因为我们如果从心底里尊敬佩服一位老师，那么我们就会非常努力地学习这一科，同时也能从老师身上学到智慧与做人的道理。我要特别感谢我的高中班主任，她一直在关注我的进步，她帮助我的事例不胜枚举：为我发奖金鼓励我的进步，在我竞赛遇挫时对我进行心理干预，为我联系语文老师帮助我在最后一个月大幅度地提高了作文水平……

高中期间我们会遇到许许多多的机会，也会出现很多次的错过过：可能学生会竞选落败，可能竞赛失利，可能没获得自主招生笔试资格或笔试未通过……如果我们只是在这些错过中后悔、叹息，那高中生活便在患得患失中黯然结束。

任何一次考试都存在偶然的成分，因此看淡考试结果是有必要的，即便是高考。高考固然重要，但整个高中生活加起来毕竟也只是我们人生中的一个阶段，因此面对高考不要过度紧张。只要我们能在考后回首三年生活时问心无愧地说出“我努力过了，没有虚度光阴”，那我们的高中生活便是有意义的，毫无遗憾的。

上述经验中，有一部分是过去看到其他优秀同学的做法，到高考后才意识到自己当时欠缺的地方。我真心希望这些经验教训能对学弟学妹有所帮助。愿你们在中学全面发展，做精明的学生，日后成为我们中华民族的栋梁之材。

结语

在高三之前，我也曾看过很多诸如此类的“高三感想文”，并时不时以其励志，幻想自己的高三生活是什么模样。会不会忙到每天睡倒在书桌前，会不会埋在卷子、书籍里，会不会在诸多压力下最后精神崩溃，放弃所有努力……可现实证明，这些恐慌和紧张都是莫须有的幻想。高三生活听上去好像人间炼狱，但若是你只是想做好每天的事，过好每个充实的一天，高三生活就变得轻松愉悦了。经过之后再回首，我也会嘲笑自己当初天真的想法。我的高三，每天都可以在床上美美地睡觉，甚至还有一两个小时沉浸在动画和电视剧中；每天中午，三五个伙伴一起到食堂饱餐一顿，在饭桌上有说有笑，有时甚至笑到喷饭，然后踱步在温暖的午间的校园，慢悠悠地“消食”。整个高三，每天都有温馨快乐的小事儿打动你，给你最本真的幸福……

每个人的高三各不相同，没有人能预知未来。勿踌躇，勿犹豫，你要做的只是度过每一个充实的日子，并把它们拼成美好的高三生活。“Face the past with no regrets and face the future with no fear.”去享受你美丽的高三吧！

笑对前方，坚实前行

姓　　名：王鹏飞
录取院系：信息科学与技术学院
毕业中学：河北省保定市第一中学
获奖情况：全国高中学生化学竞赛（省级赛区）二等奖

目标应该是具体的、细化的。记得一位马拉松冠军在赛后接受采访时，道出了他的秘诀——在跑马拉松的前一天，他都会骑自行车沿着路线走一遍，记住沿途的一些标志建筑物，第二天跑时会全速冲向第一个记忆中的建筑物，再全速冲向第二个、第三个……直到终点。如果把整个马拉松赛程比作高中的学习，那终点便是高考，每一个标志“建筑物”就是每一阶段的具体目标，有了这些“建筑物”，我们才能清楚地知道自己离最终目标还有多远，也才有动力去“全力冲刺”。

学习经验与方法

我认为学习像是一次远航，需要有目标来指引方向，才有毅力去乘风破浪，用努力去突破难关。只有定下目标，养成良好的习惯，不断坚持努力、积极交流合作，才能取得好成绩，学有所成。

1. 明确目标

一切行动都是以目标为导向的，所以，明确的目标对我们的学习具有重要的作用。高中阶段我最主要的目标就是进入自己理想的大学——北京大学，这是我的最大动力。我认为目标的最大作用便是激发我们的斗志与热情，充满力量与希望地去学习和生活。

目标应该是具体的、细化的。记得一位马拉松冠军在赛后接受采访时，道出了他的秘诀——在跑马拉松的前一天，他都会骑自行车沿着路线走一遍，记住沿途的一些标志建筑物，第二天跑时会全速冲向第一个记忆中的建筑物，再全速冲向第二个、第三个……直到终点。如果把整个马拉松赛程比作高中的学习，那终点便是高考，每一个标志“建筑物”就是每一阶段的具体目标，有了这些“建筑物”，我们才能清楚地知道自己离最终目标还有多远，也才有动力去“全力冲刺”。我在每次考试之后都会设定下一阶段的小目标，全力去解决自己在考试中暴露的问题，明确学习重点，逐步缩小我与最终目标的差距。如果把目标意识细化到每一件小事上，即做事有目的性，再配以合理的计划，效率就会大大提高。我的做法就是在每天的自习课以前先在纸上列出需要做的事，再按顺序完成。这样，不仅能省去许多迷茫的时间，还能明晰自己的进度，从而提高效率。

2. 养成良好的习惯

从初中开始，老师就一直贯彻一种理念——让优秀成为一种习惯。高中时，班主任一直强调要养成好习惯，做别人的标杆，而不要去用别人的标准去要求自己。我相信好习惯会让我终身受益。

首先，保持良好的、适合自己的生活习惯与作息时间是我高效学习的前提。我的作息很有规律，每天基本都是 6：00 起床，晚上 12：00 睡觉，中午休息 50 分钟。晚上不会过早睡觉，也不会熬夜太晚，这也保证了我每天学习时都是精力充沛、全心投入的，很少被“睡神”打扰。对于书桌，我基本是保持书本整整齐齐的，这让我很容易就能找到我需要的东西，避免浪费时间。

其次，在学习习惯上，我一直坚持按部就班地做好每一环节。

第一，上课做好笔记保证了我的听课状态与效率。将老师讲的重点与板书记录在本上，再将琐碎的知识点与自己的疑问记录到旁栏留出的空白处作为提醒，重点内容我会用红笔标注。这样，我的笔记工整清晰、重点突出，对复习很有帮助。

第二，及时改错与总结让我受益匪浅。各科的改错本是我最宝贵的财富。记得我们的班主任曾经说过："一道题只有做够三遍你才能领悟它的精髓，才能触类旁通。把一道不会的题做三遍比做三道新题更有用。"我认为改错就像在填补学习的道路上出现的一个个陷阱，如果对错误置之不理，就相当于我们在陷阱上铺了一层稻草，为我们将来的复习埋下了隐患，只有透彻地分析错误、掌握知识点之后，才能避免被同一块石头绊倒两次。所以，我会一遍遍地做改错本上的题，直到将所有的题都做熟，如果有新的体会与感悟，我也会及时写下来，毕竟灵感有时是转瞬即逝的。

第三，爱问问题让我能够及时解决自己的疑问。在每天的学习中遇到问题时，我一定会在当天解决，大多数是在课间，最晚也不会拖到第二天，避免因忘记解决而导致的知识漏洞。

3. 坚持不懈、全力以赴

我的语文老师常说一句话："胜利往往存在于坚持一下的努力当中。"无论做什么事，没有坚持就没有水滴石穿的突破，就没有雏鹰展翅的成长，就没有破茧而出的重生。在班里我们也曾自己创作了一些"名言"，最深入人心的一句就是："有一种天才只在坚定不移的信念中诞生。"

全力以赴不等同于尽力而为。在猎狗与兔子的故事中，猎狗之所以没追上受伤的兔子，就在于它追不上兔子最多就是挨猎人一顿骂，所以它只是尽力而为；而兔子如果跑不过猎狗就会丢掉性命，所以它在全力以赴。我相信只有全力以赴才能有理想的结果。如果把尽力而为比作90%，那在尽力而为地做五件事后，得到的最终结果便是五个90%相乘——59%，即不及格！

4. 针对各学科的不同特点去学习

语文注重积累。不像理科学习可以集中时间突破，如果语文只等着高三再去学的话，最后的结果一定是比较悲惨的。我有一个专门的语文积累本，我把成语、病句、文言实词、作文素材与课外摘抄都记到这个本上，如果有想写的东西，也会随时在本上写一写，或多或少都没有关系。这样，在每次考试前我只翻看我的积累本就行了。

英语与语文类似，但更强调每天的接触，如果连续几天不做阅读和完形填空，很可能丧失对文章正确理解的感觉。所以，我每天都会抽出一定的时间学习英语，并且有不明白的问题一定会去找老师问，直到弄明白。

数学可以说是练习量最大的学科，很多同学都有“数学题做不完”的感觉，因此就更要及时地总结归纳。我是将不同类型的题分类后再去做，从高考题入手，先找到它们的出题角度，然后寻找相似题目的解题方法，再运用到以后的练习当中。数学对准确率要求很高，所以在平时的练习中我要求自己保证准确率，尽量不去检查，这也让我在考试时心里更加踏实。

理综的三科特点不同，化学细节烦琐，物理模型明显，生物紧贴课本。所以，我将化学的不同反应条件及变化记清楚，尤其是化学方程式和一些琐碎的知识点、注意点。而在物理学习上，我更注重对经典题和好题、错题的整理和反复练习，从而掌握这些类型题的出题模式，遇到新题时便是一个对应与运用的过程。对于生物，我则更多地背诵课本上的概念性语句，把握主干知识，做到准确地答题。当三科综合到一起时，我们还应注重时间的分配。我在一段时间内连续做了十几张理综试卷，从而把每一块的时间基本固定下来，这样做理综试卷时也就更有节奏了。

5. 交流与反思

学习不是孤军奋战，而是许多人共同奋斗的一场“战役”。学习的过程少不了与同学、老师的相互交流，彼此分享自己的经验与教训、方法与心得，或是在辩驳与询问中求证自己的见解。记得高考前几个月，班主任让我们每个人每周写一张“学习经验交流卡”，把自己这一周内总结的注意点、收获很大的题目以及遇到的问题记录下来，再装订成册，相互传阅，自主吸收，当解决了某同学的问题后便主动找他指点一下。这种模式让我收获了很多他人的好方法。而我在与老师的交流中，也弄明白了很多课上老师不讲的内容，从而对问题有了更深的了解，同时从老师那里得到了很多学习和生活上的指导。正所谓“你有一个苹果，我有一个苹果，交换后各自仍有一个苹果；你有一种思想，我有一种思想，交换后各自便有两种思想”。

反思是一个成长与提升的过程。我虽不至于去每天“三省吾身”，但是我会在每次考试后进行反思，总结出自己的出错点和原因，找到自己的错误类型（知识性还是能力性）并记录下来，作为以后的学习重点。

课堂内外学习与生活的和谐

高中的课堂与作业固然占用了大量的时间，但是课外活动也是必不可少的。一张弓，如果一直紧绷着，总有一天会失去弹性。学亦如此，如果我们一味埋头于学习，长期紧张而不加以释放和缓解，也会身临高原、身处瓶颈、止步不前。有张有弛，我们才能保持学习的动力与热情，才能保证注意力的集中、学习的高效。

所以，我们做事时一定要集中精力、全神贯注，千万不要表面上“专心致志”，实际上却三心二意，即学习时不想着玩，活动时也完全抛开学习之事。由于高中学业紧张，我便放弃了追电视剧、玩电脑游戏等没什么意义的事情，以保证学习的时间和精力。但如锻炼、读书、组织板报、听讲座等这类有益于放松身心、增长知识的课外活动我却一直坚持了下来。每次体育课上，我都会和同学一起打打篮球、乒乓球或羽毛球，玩得很尽兴，也得到了充分的放松。我每周都会去图书馆的书报阅览室读读报纸和自己喜欢的杂志，了解社会热点时事，欣赏一些好的文章。每周五图书馆都会举办优秀教师讲座，我也经常参加。讲座内容既有值得品味的文学名著，又有神奇有趣的科学知识，还有纵横古今的中外历史，有时还会播放《大国崛起》等优秀纪录片，让我受益匪浅。

另外，还有重要的一点就是乐观。乐观不只是一个微笑，还是一种态度。与其在顺时喜悦，逆时悲伤，还不如在任何时候都保持一颗平常心，对一切泰然处之，遇到困难微笑面对，这样才能在低谷中依然找到突围的希望。所以，每次遇到看似难过的坎，我总是把注意力从困难本身转移到它到底是哪里难住了我。矛盾点便是突破点，找到了自己到底哪里有欠缺，也就有了跨过去的方向，再多加努力、集中突破，相信自己，最后总能度过这些难关的。高考前紧张是正常的，但我相信自己的付出会有回报，所以，我依然会参加晚自习后的跑操，而不是在班里继续忙着做题。在高考前，学校里高一高二的学弟学妹们以班级为单位制作了很多鼓励性的海报为我们加油鼓劲，我一一照了下来留作纪念，去感受那一分力量。

越接近高考，我越感到“心态决定一切”真是一句至理名言。从前我只是把它当作一句口号，但当最后大家在知识和经验都相近时才发现，只有良好的心态才能保证自己实力的正常发挥。我一直相信：乐观与微笑能战胜一切！

高中拾遗

姓　　名：陈家栋

录取院系：数学科学学院

毕业中学：北京师范大学第二附属中学

> 但与他人不同的是实现认真的方式。在我看来，对那些概念、定理一定要明白其推导过程，而且要自己能推导，决不能含糊。作业中不会的问题我也坚决靠自己解决，实在不会再去请教别人。而课余时间我便全部投入读书与运动当中去了。

不知不觉，高考已过去 75 天了。在这 75 天中，我一直有为我的高中生活写篇文章的念头，但因出游、聚会等事情不断，加之我心里也有些害怕，生怕文章一写，就把我记忆中的美好时光写“死”了。因此我犹犹豫豫，一拖再拖，始终没有动笔。好在北京大学举办了一个征文活动，让新生写一篇有关高中学习生活的文章。借此机会，我终能完成这个心愿，为我的高中生活画上一个圆满的句号。

高一

首先要拿一段写得异常精彩的话做开头：“大多数人的生活被他们身处的环境所决定，他们不仅接受既定的命运，而且顺从命运的安排。他们就像街上的电车一样，在他们既定的轨道上行驶，而对于那些不时出没于车水马龙间和欢快地奔驰在旷野上的廉价小汽车却不屑一顾。我尊重他们，他们是好公民、好丈夫和好父亲。当然，总得有些人来支付税收，但是，他们并没有令人激动的地方。另外有一些人，他把生活掌握在自己的手里，可以按照自己的喜好去创造生活，尽管这样的人少之又少，但我却被他们深深地吸引着。可能世界上并没有诸如自由意志这样的事情，但是无论怎样，我们总有关于自由意志的幻想。当我们处在一个十字路口时，我们似乎可以决定向左走还是向右走，可是一旦做出选择，我们却很难意识到，实际上是世界历史的全部进程强迫我们做出了那样的选择。”

这是我高一时在一本练习册上看到的一段话，当时可以说我被这段话征服了（现在亦然，后来才知道这是毛姆写的一篇小散文）。高一时，我的精神尚处于一种可以称为“过渡期”的懵懂状态中，面对一个陌生的新环境还有些迷茫。那时候读到这句话无疑对我当时的思想状态有很大的刺激。“令人激动的地方”是什么？为什么大多数人不能按照自己的喜好去创造生活？想拥有自由意志很难吗？这些问题即使到现在，回答起来也并不容易。联系起读过的书籍，我大致瞥见了一些日后成为我行事准则的事物。高中生活也就此开始。

刚进入二附时压力甚大，这是一个“大神”遍地的地方（这是我的第一印象）。而当时的我，还像《中国合伙人》中初入北大的成东青——“村范”十足。第一次月考年级排第 201 名（这是一个难忘的数字），第一次期中考试年级排第 180 名。考试成绩不理想还可以再努力，上课听不懂、作业写不完才是真正的“伤自尊”。在这种环境中，我成为一个埋头苦学的“学霸”或者破罐子破摔的“学渣”都很正常。

然而，或许我性格里真有那么一丝洒脱，或许我骨子里还有那么一份好强，我并没有成为“学霸”和“学渣”两者中任何的一个，每天继续认真听课，认真写作业，坚持不落下。但与他人不同的是我有自己独特的学习方法。在我看来，对那些概念、定理一定要明白其推导过程，而且要自己能推导，决不能含糊。作业中不会的问题我也坚决靠自己解决，实在不会再去请教别人。而课余时间我便全部投入读书与运动当中去了。现在看来，这个做法对我后来的高中生活影响很大。

首先，我的这种学习方法为我后来考试失误少、能做难题的能力打下了基础，我一向认为，只有对基本定理深刻理解和掌握才能学好理科。如果我在学习方法上真有什么可取之处，就一定是这点了。

其次就是读书，读书带给我极大的愉悦，一些对我影响较大的书籍就是在这时读的。读书的益处无穷，我发现读了一些书之后，心胸和眼界就会开阔些，思想不会过于狭隘，身上也会或多或少地带有一种叫作“气质”的东西。在这种状态下，没什么困难会让人痛苦得难以克服，至少心理上会比原来舒适得多。读书还迫使我去思考，让我在一些问题上有了自己的看法，使我免于人云亦云。

最后就是运动，没什么比长跑更能让我放松的了。除了能强健体魄外，和同学一起运动使我多了许多和同学交流的机会。交流的产物便是朋友，高中三年，我收获了几个能说心里话的朋友，这非常重要：当你遇到学习和生活的困难和挫折时，当你难过、沮丧时，和好朋友聊聊天远胜过自己一个人在那儿郁闷。然而有些同学直到高二，甚至高三时还在为同学间的关系问题而苦恼。高中生活快乐与否很大程度上取决于你在班级中与同学的关系如何。

当然，好的人缘，尤其是交到好朋友，并不是靠简单的交流就能有的，当然也无须你苦心经营。下面就是我的一点感想：

1. 真诚待人

关于这点我不想做太多解释，毕竟要一起学习、生活三年。

真诚是愉快相处的保障。

2. 不说不该说的，不做不该做的

在和同学交往的过程中，我发现，人们最不喜欢“大嘴巴”。别人是出于信任才会把心里话或者重要的事告诉你，为了一时的口舌之快而辜负了同学的信任很不值得。所以，嘴一定要严，而且不要说与自己身份不相符的话，不要做与自己身份不符的事，只有自尊才能获得别人的尊重。尤其要注意的是，不要因为同学不喜欢什么就不说，也不要因为他们喜欢听什么就故意说什么。总之，我们说话做事要有原则。

交朋友的道理自然不止这些，更多的还是要靠自己去体会，在这里就不再赘述。

高二

快乐、绚丽的高一飞快地过了。高一期间，我的年级排名由第 201 名上升到第 100 名左右，这也算是个不小的进步吧。不过我的英语还是一如既往的差，数学的难题还是只会做第一问。不过好歹还是“挺”过来了。高二与高一相比，只是稍微忙碌了一些，少了一份新奇感，多了一门生物课而已。

高二是我开始努力的一年，我开始有意识地增加学习时间，从晚上九点半延迟到了十点。课间我开始做作业，为的是给晚上自习时腾出整块的时间集中背单词（我是住宿生）。高二的课业压力不大，抓紧时间的话往往放学前我就能把作业基本完成了（除个别题外，有时要花一个晚上）。但是做作业不能只图快，理解和正确率是王道。尤其是对高一、高二的学生来说，这时候不练正确率，难道要到高三练？记得当时为了弄透一道选择题，我可以花上一个多小时。这些貌似被浪费的时间，后来证明大有好处。高二的一大半就在背单词、做作业以及丰富的课余活动中度过了。事实证明，我并没有比那些周末上补习班的同学学得差，相反，高二下半学期时，我的年级排名已经升到了第60名左右了。

高二下学期期中考试之后，大多数科目开始进入结课的状态了。在愉快轻松的环境中，高三不知不觉地就要来了。

高二暑假

这是个极其重要的暑假，两个月的自主学习的假期直接决定了高三上学期一半的成绩。自习是我喜欢的一种学习方式。从初三时，我就养成了一个习惯：一到周末、假期，我每天就要弄清自己一天做了多少事，有多长时间真正用在学习、运动、读书上。我后来统计了一下，在高二暑假时，每天我能学习7～9小时(不算看闲书)，高效的学习时间大概能有6.5小时。第一次返校考试，我的成绩在年级排第30名左右。这个暑假对我来说意义重大，不仅在于我能坚持长时间的学习，更在于我养成了学习的自觉性。

高三

高三一开始校考就给了我们一个下马威，8月底第二次返校考试虽然名次没有下滑，但一向是我强项的化学得了70多分，生物没及格。老师说是让我们见识一下高考的难度，后来的考试也印证了老师的话。高三，真的很不一样。整个气氛的变化就不说了，仅从知识上来说，高三题目的难度让高一、高二的难题成了浮云。

从高二期末开始，我们学校就开始复习了。这时候，一个名叫讲义的东西发到了我们手里。老师按学过的章节逐章地发讲义。这些东西非常重要，我们的物理讲义基本是题。由于高一、高二养成了好的学习习惯，当时一本物理讲义发下来之后，我往往用一晚上就做完了一周甚至更长时间才能做完的题。不仅如此，我的正确率也相当的高，后来发现，年级中许多优秀的同学也有这样的习惯。化学讲义中有一半是待讲解的知识，另一半是题。每次讲义一发下来，我就利用晚上或周末整块的时间，将讲义中的知识点全部弄懂，遇到不熟悉、不会的，以及我自己想额外了解的（比如氮气和金属、非金属的反应等），我就去网上查资料。这种“预习”需要花大量的时间，有时仅一章就需要3～5小时。但这很值得，当老师开始讲解时，我基本已经将这一章的知识点和结构熟记下来，听课做题都很轻松。看到题时，往往也能知道出题人的意图。

生物讲义包括已讲的、未讲的和讲了而又忘记的知识点。讲义本身的字不多，留给我们记笔记的地方很大。记得生物课是最累人的课，我们永远都处在绞尽脑汁理解老师的话和拼命跟上老师的语速这两种状态中。每章的讲义都有十几页A4纸，高三快结束时这些纸上密密麻麻记满了笔记，后面还额外附了好几页纸。

至于数学，则按照学习的时间顺序从头过一遍。语文、英语，就是一个字——练，练基础、练古诗、练现代文、练作文、练完型、练阅读、练情境和开放。每周除了周五，放学后都要考试。累，是我当时唯一的感受。就这样，在忙碌的学习、复习中，高三上学期结束了。

高三下学期是查漏补缺阶段，再细小的知识点我们都要弄清楚。从高三刚开始时我就开始写总结，一章一章地过，具体步骤有点像画树状图。这真是一个浩大的工程。我当时的想法是，要把这总结做成一份完美的复习资料，涵盖所有知识点，把所有不熟悉的知识都写下来。重点就在于这个写的过程，当你把一章的知识有条理、有逻辑地列出来时，你的脑海里也就对这一章有了一个系统和全面的认识。至于英语和语文，我并不擅长，但是高考时这两科成绩都还不错。我的方法就是，别人每天做一套，我就做两套；别人一天做四篇阅读理解，我就做12篇（下学期有一个月大概真能做到每天12篇）。当然，不能做完就不管了，还是要总结。比如语文的字音字形、成语，做完了就把不会的记下来。还有英语的词组、语法，也是如此练习。

高三的考试很多，打击自然也就很多。这时候我告诉自己：不要太难过，只管努力就好。Hard work always paid off.（付出的努力终得回报。）总之，我们要坚持不懈，要坚持自己的梦想。

写到这儿，我的眼前又浮现出高中时和同学一起努力、一起奋斗的美好情景。如今他们有的去了外地，有的已经到了大洋彼岸。高中的生活已成为旧日好时光。现在回过头看，我的高中生活是那么美好，那充满阳光和欢笑的三年时光会是我最珍贵的回忆。现在我将这份回忆的一部分用文字记录下来，既是对自己高中生活的一个交代，也希望我的经验能对学弟学妹们有所帮助。

我的高考

姓　　名：关尔佳格
录取院系：信息科学技术学院

> 我羡慕自制力强的人，羡慕一看书就专注地沉浸其中的人，羡慕小说看不断还能维持在年级前十的人。面对诸多不满意，我开始学会接受最平凡的自己，接受我有诸多不足的现实，并着手改正。

多少年来我一直是以求教的心态面对学习这件事，包括看优秀学长学姐们写的文章，积极参加他们返校时的讲座，努力从他们的经历中汲取养分和力量，没想到有一天自己也会成为向别人介绍经验的人。我虽不是学习的高手，自己还有很多问题没能很好地解决，高三的生活也有诸多遗憾，但希望我的经历和方法也可以带给其他人或多或少的启示。

思考复习的意义——竞赛

在高三之前我就开始参加物理竞赛了，备赛让我提前体验了准高三的生活，即每天只有“学习”一个中心，经历着一次次高强度的考试，面对着不断刷新的排名，对前途的深深忧虑挡不住地在心中闪现。我比大多数同龄人更早地接触这样的生活，对于高三便有了更多的心理准备，而这段备赛经历也让我更加彻底地理解了复习的意义。

备赛时我们的安排是上午考试，下午和晚上自习，也就是说一天当中有近八九个小时是完全属于自己的。一开始大家的日程都很固定：刷题和改错。可渐渐地我发现自己进入了一种烦躁的状态（可能其他人没有，但我的确是有，大概在进入集训后三周的时候吧）。有的时候突然不知道自己这么做是为了什么；有的时候会有侥幸心理看着题想："竞赛的一共八道题不会在这里出吧"；有的时候懊恼为什么明明自己已经刷了一本的力学练习题，考试的时候还是有想不明白的地方呢？刷题对于成绩的帮助在哪？这些胡思乱想严重地困扰着我，让我开始思考所谓的复习、查漏补缺到底应该是什么样的。

之前听闻高三的生活大多都是"每天都在重复""没有新的东西，只有机械练习""会让人智商下降"之类的。高三，因为高考而受到了无数的质疑，可在集训中，我渐渐觉得这些复习不但能让我们更好地掌握知识，还可以让我们认识自己。我经常会拿出曾做过的卷子或错题，对着草稿纸分析是我的知识疏漏了，还是我没能正确领会所谓考点的含义，或是我当时内心不够坚韧，又或是我当时情绪不够稳定掺杂了一些题目之外的想法。这个发掘的过程不仅仅是对于物理知识的理解，更是去探知我自身的缺点。复习不同于学习新知识，这时已没有对于未知的好奇与渴望，支持我向前的正是对于物理、对于竞赛、对于努力的热爱，所以我才能无论考得多差都不放弃，坚持着改正每一道题，才能充满激情地面对日复一日的复习生活。

还记得在走进物理竞赛的考场前，我已经很清楚哪些题是我一定也应该做对的；哪些题是我平时容易失误，考试时需要注意的；哪些题是我没有彻底搞清楚，在考试中遇到时不必太纠结的。我坐在考场里的时候甚至没有紧张，而是在享受考试，我想这很有可能是我人生中最后一次物理竞赛考试了，也可能是我最后一次苦思冥想这些物理问题了。总之，我考得很开心，考完之后买了本阿加莎·克里斯蒂的侦探小说坐在走廊里等，在不参加竞赛的同学去上课时骄傲地踏着享有“特权”的步子回家去了。晚上考试结果出来了，我考得不错，进入北京赛区前十，符合了保送的要求，我从没奢望过保送，晚上躺在床上觉得自己在做梦。哪怕是最后与保送擦肩而过也并没有让我有任何遗憾，因为在这段时间我对于自己、对于高三有了更明确的思考，这段时间我不仅仅增长了知识，也学会了追求完美、探求并改正自身弱点。

面对平凡的自己

我听过一句歌词：“what doesn’t kill you make you stronger，stand a little taller.”我在高三时对自己有过诸多的不满意：为什么自己明明会的题还是错得一塌糊涂？为什么自己有的时候就是难以克服懒惰？为什么每个周末总是完不成作业，到了周日晚自习还忍不住和其他人沟通一下周末趣闻？我无数次在某些时刻厌恶自己，在回想时禁不住一身冷汗。再看看周围的同学，似乎大家都在自己正常的轨道上奋力向前，只有我在无聊的情绪波动中。我羡慕有自制力强的人，羡慕一看书就专注地沉浸其中的人，羡慕小说看不断还能维持在年级前十的人。面对诸多不满意，我开始学会接受最平凡的自己，接受我有诸多不足的现实，并着手改正。我觉得一个人改正缺点最大的动力是对于自己强烈的不满意。我在准备自主招生时的几次模拟考试的成绩都差得离谱，明明胸有成竹的问题都会出错。那段时间，我几乎是把自己绑在椅子上逼自己静下心来，每天都感觉自己要崩溃。但坚持了几天之后，我发现自己做题的正确率扶摇直上，数学经常是一考就接近满分，于是，战胜自我的快感油然而生。

谈坚持不懈

如果说思考复习的意义是我高三的信念，坚持不懈则是我向目标挺进的保障。我想没有人比我更多次与北大擦肩而过——竞赛保送差2分；参加北大物理营，保送生考试差5分；自主招生考试自以为证明出来的题都没怎么得分。但高三我从来没有放弃过，哪怕北航给了40分的优惠我还是不为所动地向着北大进发。竞赛结束后，竞赛教练认为我之所以没有被保送是因为缺少坚持不懈的心劲，自己不觉得自己应该被保送，没上考场就先胆怯了。这句话在我后来的经历中不止一次得到验证。所以，你能否得到取决于你有多想要。

坚持不放过疑点。我在高三后期每天都揣着便利贴用于记录自己想不清楚的问题，在以往的学习中我不是一个爱提问的学生，一方面是真心觉得自己想明白才有意义，另一方面也是自尊心作祟。但后来事实证明，擅于提问，尤其是向一些“大神们”提问、请教，你获得的远比你想象中要多许多。我的后桌是一个物理竞赛保送生，物理和数学问题都可以放心地交给他，也不用担心占用了他复习的时间。前桌同学获得生物竞赛一等奖，更是一名生物爱好者（爱好到只要我和她一出门就会被不停地普及生物知识）。高中生物的学习非常表面，有些知识点并没有给出非常合理的解释，光靠记忆来学习难免有不妥之处，如果我们能多了解更加本质的生物知识，在理解过程中会觉得它更富有逻辑性了，做题时即使有的知识点记不清了，也可以自己推断出来。不放过任何一个疑点，做起来难免费时费力，有的时候感觉焦头烂额，但我坚信只要每一步都走得扎实，尽管辛苦，最终会走得更远。

坚持不放弃思考。有很多人说，都到这个时候了，思考有什么用，不如不管三七二十一，先记下来。首先，我反对这种虚伪的学习方式，若是死记硬背只为应付高考，那么高三就是在浪费生命。高考是我们不得不面对的，但我们可以以不同的方式去面对。其次，唯有思考才能让知识真正变成我们自己的。同样每天披星戴月，有的人扶摇直上，有的人却一落千丈；同样是看一遍书，思考与否对应的效果大有不同。千万不要因为所谓的时间不够而放弃真正的学习。

坚持劳逸结合。每个人必须寻找到适合自己的生活、休息、学习和体育锻炼的方式。人与人各不相同，举几个例子。我的一个朋友D，她是一个需要保持充足睡眠的人，所以她每天抓紧在学校的每一分钟，课间都在默写故事或者看一些知识点什么的。因此，她晚上可以十一点多之前就上床睡觉，早上七点起床，保证了睡眠，并且一整天都神清气爽，从不用咖啡等来提神。我的另一个朋友Y，她是一个典型的“夜猫子”，每天晚上都学习到子夜一点，她觉得晚上思考问题时思路格外清晰，代价就是一天两包咖啡，外加中午休息一个小时。高三不代表不可以有爱好，不代表不可以有娱乐活动。我在高三时每天晚上都会看一小会儿美剧，里面有一个人物是我的偶像，他每天都在“提醒”我努力去实现目标。高三我每天坚持跑步。在操场上努力向前的感觉，在累的时候告诉自己再坚持一下的感觉，给了我莫大的激励。跑完后躺在操场上大口大口地呼吸，感觉自己很充实、很满足。

具体经验

1. 语文

对于语文我最有心得的两部分是古诗鉴赏和作文。在几次大考中古诗鉴赏得分不到一半的情况下，我下定决心整理了古诗。我把考试说明上的每一首诗的鉴赏题都做完并分类，每一种类别都看答案，提炼答案精华和模式，虽然这些提炼和模式是帮助我们梳理思路、提高答题准确率的方式，但所谓鉴赏的本质还是理解诗歌。我们班的“学霸”曾一语道破：“想想我们自己，送别时所抒发的感慨也不过是‘你别走，你别走，我会想念你的，我祝你将来过得好，有锦绣前程’。”所谓技巧、所谓总结都不能脱离了我们作为人的情感共鸣，这也是我们学习语文的最终目的。另一个我下决心准备的就是作文，语文老师一直强调作文是高考第一大题，但后悔我在高考最后阶段才开始准备，窟窿还没完全堵住就到考试时间了。在准备时我在老师的指导下先把作文分为几个大类：时评类、故事类、对比类等。我从每一类中找出一篇典型的命题去写，然后请老师评分，如果得 40 多分就问老师与 50 分的差距在哪？再按照老师的提示去修改，反反复复一直改到五十几分为止。按照这个方法，每个类别都改好一遍你就明白该怎么写了，这个过程一定得坚持，有时会有一篇文章越改分数越低的情况，但练习十几篇后你就会感觉效果明显。

2. 数学

高一时一个数学老师就告诉我，数学考试时要注意很重要的两点：保证速度，保证正确率。我属于天生速度快的，很少有在考试中做不完题的情况，但正确率是我的命门，也是我的数学成绩无法提高的重要原因。许多人一直强调要有错题本，我一直也没有，我的方法是把错误的题重新做，一直做到完全不错为止。另外，做题的步骤流程也务必要梳理，高考的时候因为细节而丢分实在太不值得。我属于比较懒的类型，总希望在做题时不用算特别复杂的数，不用经过特别麻烦的过程，所以平时做题时就会努力寻找好算的方法，坚持练习下去，在考场上就能自然而然地选择最便捷的方法——既节省时间，又保证正确率。

3. 英语

英语一直是我的弱势科目，因为在高三之前没有积累下很好的阅读量和词汇量。如果你在高三之前没有打好英语的底子，到了高三英语会成为一个十分麻烦的问题。我在高三时的应对策略是狠抓基础，反复背高考必备词汇，落实好基础。我还彻底地研究了几套统一出的卷子，总结了完形阅读中的词汇、用法，以及与高考必备词汇的重叠。对于英语作文，我把学校发的20篇范文进行了总结，整理出所有可能用到的句子结构，并专门总结了小作文的几种模板。在这种不是我强项的科目中，我的目标是不求闪光，只求心安。

4. 理综

高三刚刚接触理综时，大家普遍觉得答不完卷子，但慢慢地习惯了这种节奏和压力，大家也都差不多能答完了，所以不用担心。每个人都要养成自己的答题习惯，要专注于自己的答题过程，不被他人打乱节奏。但一开始接触理综，有任何问题都会暴露出来的。我因为参加过物理竞赛，加上刚回来时学习化学感到吃力，所以高三一年我都没上物理课，专心用来补化学。我买了一本《教材完全解读》，完全认认真真地从头到尾学习了一遍，把知识点又强化复习了，后来和老师沟通了几次，从老师的角度发现自己考试中存在的漏洞。化学的知识特别琐碎，而且有很多东西是必须要记住的，我会询问化学“大神”一些我当时不理解的知识，经由讲解后常常觉得茅塞顿开。我的物理全靠过去的底子，但我并不建议这么做，我对于物理一年的亏欠让我在高考时掉进陷阱，并因此提心吊胆了好多天。

我个人认为梳理脉络对于学习物理格外重要，理科讲究的是有理有据，所有的思考都来自于对于物理本质的把握，所以务必吃透概念。具体做法对我来说就是不停地问自己“为什么一定要这样?”“这样所带来的后续结果是什么?”双向思考很多时候就是解题思路。还有就是最好能随着时间轴系统地了解一下物理发展史，把自己放进情景之中，设身处地了解科学家的思考，这样有两个好处：一是能激发我们对于物理的热爱，感觉那些原本只言片语的定律都活灵活现了起来；二是我们很快就能熟记关于科学史话的所有问题。推荐一本物理方面的科普读物《上帝掷骰子吗?》，真是让人手不释卷。对于复习生物，最好方法就是抄书(包括各种边边角角的内容)，但一定要带着脑子，切不可把抄书变成机械运动。在这个过程中我们可以发现自己的知识漏洞，加深对生物专有名词的印象，还可以培养对生物的感情。自我感觉该方法的效率是比较高的，我就是用这个方法来学习生物的，而且还获得了一个生物竞赛一等奖。

直面高考

说了这么多，最后要面对的还是六月初的高考，我们从开始就很明确地知道这次考试的时间、范围、方式方法，甚至有许多前车之鉴。有人说高考最迷人的地方不是如愿以偿，而是阴差阳错，一直保持年级前列的高考跳水，明明获得自招加分却因忘记反馈而取消，只因差两三分而进入完全不同的专业……这些例子并不罕见。直面高考，哪怕最后失利也可以坦然面对。现在回忆高考，只觉得这是我生命中最幸福的记忆。

把握高三，赢得高考

姓　　名：林　洋
录取院系：信息科学技术学院
毕业中学：辽宁省营口市开发区第一高级中学

相信我，没有谁会忍受不了这种辛苦，这种既苦又甜的生活是一种幸福生活。没有能与不能，只有想与不想，做与不做。不行动，有一万句誓言也没有用。所以，从现在开始，为自己的理想而奋斗，学会忍受辛苦，也许最终你还是不能成为第一，但你一定会为自己的进步而感到开心，一定会为自己的坚持而感到庆幸。

从现在开始

在高考这场“战役”中，我有幸进入自己理想的大学。能取得这场胜利，离不开幸运，当然更离不开这些年来自己的努力与父母的培养。接下来，我会分享一些我在学习方面的心得，希望各位同学在看过之后能够有所收获。

这里我想介绍的是高三备考阶段我的一些经验。也许有的人会觉得到了高三大部分人已经定型了，不会有太大的提高。但是我想说的是：把握好高三这一年，你会有很大提高。

首先，高三这一年来，我最大的感想就是一定要对自己有信心。只要你有理想并且愿意为了理想而努力奋斗，什么时候开始都不算晚。学习好的人不是天生就比别人优秀，他们也都是靠日复一日年复一年的努力。高一、高二我基本都是半学半玩混过去的，刚进入高三时我的第一次模拟考试成绩低得可怜，但是那时的我已经在心里确立了自己的目标，我想考北大，我想达到 680

分。虽然当时与目标还有很大的差距，但是我相信只要努力一切皆有可能，于是我开始行动，希望自己每次考试都有进步。当然，成绩不可能一下子飞跃，一开始的目标不能定得过高，可以把自己的最终目标切分成一个个小目标去实现。以我为例，一模 584 分，二模 610 多分，三模 620 多分……就这样一点点地进步，还是在高考时取得了 690 分的好成绩，进入了梦寐以求的大学。所以，不要埋怨时间不够，只要你愿意，什么时候开始都不算晚。

当然，迈向理想的路不可能一帆风顺，有挫折、有坎坷是很正常的。我身边就有许多人，明明付出了努力，却还是没能取得进步，这就是所谓的“瓶颈期”。大概很多同学都会有这么一个时期，即使遇到这样的情况，你也不必为一时的停滞不前而难过或是灰心。高三下半学期我也有过那样一段时间，虽然比以前付出了更多的努力，成绩却不见提高，马上就要高考了，我看着当时惨淡的成绩十分伤心，妈妈也问我为什么感觉我比以前努力了却没有提高，但是当时不知是因为自信还是为了不让妈妈担心，我坚定地说我在做题过程中能明显感觉到自己的进步，能感觉到自己会的比以前多了，我相信自己最后一定会成功。果然，过了那段时间，成绩还是提高上来了。所以，备考阶段的心态十分重要，我们要保持一颗平常心，不要害怕失败，不要害怕挫折，只要你真真切切地努力了，成功总会上门找你的。

可能有很多同学有自己的理想，但是总是觉得自己忍受不了那种为理想而奋斗的辛苦。曾经的我也是那样想的，我也是个爱玩的人，但是玩也是要有一定限度的，到了关键时刻要把玩心收起来。向理想奋进之路注定是辛苦的、寂寞的，但也是幸福的、有意义的。有很多同学、老师陪着你一起奋斗、一起进步，你不是一个人。看着努力学习的同学，你也会忍不住想要努力；看着自己会的知识越来越多，你也会很有成就感。相信我，没有谁会忍受不了这种辛苦，这种既苦又甜的生活是一种幸福生活。没有能与不能，只有想与不想，做与不做。不行动，有一万句誓言也没有用。所以，从现在开始，为自己的理想而奋斗，学会忍受辛苦，也许最终你还是不能成为第一，但你一定会为自己的进步而感到开心，一定会为自己的坚持而感到庆幸。

也许还有一部分人觉得自己的基础很差，再怎么努力也赶不上来。但是我想说的是，会得越少的人进步得越显著，因为有很多不会的，所以学会一种题，便能多得一种题的分；相反，会得越多的人却很难一下子有很大突破。所以，那些基础差的同学，请相信自己，脚踏实地地去努力，一点点把自己错过的都补回来，或许不能成为前几名，但至少你超越了自己。我听过一句话："真正的高贵，不是优于别人，而是优于过去的自己。"在自己原有的基础上有所进步，那样努力就是值得的，总比停滞不前要好。况且，你没尝试过努力，又怎么知道努力后不会成为新一代的"大神"呢！

有人曾经问我觉得高三苦不苦、累不累，我每次都说不累，确实，高中这三年都不是很累，虽然高三那一年付出了很多，但是因为自己愿意付出这份努力，所以我不会觉得累。此外，我也会劳逸结合，每次完成我的一个小目标时，我都会奖励自己，这真是个有效的办法，可以让我在坚持不住的时候再坚持一下。还有就是朋友的鼓励也十分重要，如果你觉得一个人学习太枯燥乏味，不如找个朋友和你一起学习。高三的我就经常和我的后座同学一起做试卷，记好时间，然后互相批改。与别人一起学就会更有效率，会坚持一套一套试卷地做下去，最初我的理综成绩不是很好，后来就靠着做这一套一套的试卷取得了进步。每次看那些我做过的试卷，看上面的分数越来越高，都会有一种成就感，而这种成就感远远超出了辛苦的感觉，又怎么会觉得累？

高三的学习方法

语文方面，首先我要强调的是字迹。这不是要求我们像书法家一样写得飘逸俊秀，但一定要写得工整清洁，让阅卷老师看得舒服，印象分也会高一些，所以平时做题的时候就要注意工整与清洁，考试的时候才会答出一张漂亮的试卷。其次，语文也是需要多做题的。因为高考语文的题型就那么几个，多做题，自己整理每种题的问法与解题思路，这样再看到类似的问题时我们就知道从哪下手，知道怎么回答。就像我们语文老师常说的，语文也是有“公式”的。而文言句式、实词以及成语等更是需要多做题、多积累的。建议大家准备一个语文的积累本，可以在本上记录自己不会的成语、重要的文言句式等。还有，把握语文课堂十分重要。相信很多人都觉得语文课是休闲课，经常在老师讲课时做自己的事。但是对于语文这一学科，本来课下我们分给语文的时间就少，如果上课再不认真听讲，又怎么会有一个好成绩呢？况且，老师在讲题时也会讲一些方法，讲做题的入手点，认真听完语文课我们会有很大的收获。关于作文，写一手漂亮的字很重要，这个不用我说大家也知道。还有，理解材料时可能会有多个角度立意，要挑最贴近材料的立意去写，或者挑自己最擅长的那个角度去写。此外，起一个好的题目也会为你的文章增添不少光彩。

数学方面，我最常用的方法就是做题，这也是最有效的方法。记得高三有一次考试，一道数学的导数题很多人都没做出来，而我却一下子就想出来该怎么做。有同学问我是怎么学数学的，我的回答就是多做题，我经常会做一些难度较高的题。当然，每个人的数学基础不同，学习方法也会不同。基础好一点的同学可以把时间多分给难一点的题上，这样在高考时才有可能做出最难的题然后脱颖而出；通过不断的练题积累方法，思路也会变得更广。而对于基础差一点的同学，只要保证把基础题全部做对就好了，毕竟高考数学试卷中有很大一部分都是基础题。我有一个好朋友就是数学基础不是很好，我给她算了一下，如果简单的题都做对，就算难题的第二问不会做，她也能得 120 分左右，这样的成绩不也很好么？这个经验是我在高三模考的时候总结出来的，因为我的数学一直学得不错，很少有做不出的题，所以前几次模考每次遇到难题卡住我都会把时间花费在思考那道题上，希望自己能做出来，而忘记检查前面的题，结果是前面马虎后面不会，成绩并不是很好。在高考中，我们最终目标是在规定的时间内拿到尽量高的分数，所以，如果遇到一道题想了 10 分钟还是没有思路，那我们就要往下做或者去检查前面的，保证会做的都做对了，还是可以得到高分的。此外，数学卷面的整洁也十分重要，我曾经因为卷面不整洁而被扣过分，老师说感觉我的试卷写得像草稿纸，所以要将思路写得清晰、有条理，让阅卷老师一目了然。

英语方面，还是离不开练题。高三那一年，我基本上每天都会做一套或两套英语题，练习册一本一本地换，只有多做题才能练出一种做题的手感。我还整理了错题，把特殊的语法或者自己不会的、做错的记到错题本上，然后一遍一遍地看，直到自己记下来。此外，因为英语有许多需要背的东西，单词量也是很重要的一部分。以阅读题为例，只有认识足够多的单词，理解了整篇文章，做起题来才会得心应手。每天可以利用课间背几个单词，就算只能背 2～3 个，一天也能背下来不少。最后还是作文的问题，作文也是需要练习的。我们要知道各种类型作文的格式及开头和结尾该怎么写，当然书写美观、卷面整洁也很重要。不擅长写作文的同学也可以多背一些范文，这样自己写出来的文章也会很地道。

理综方面，更是离不开做题。记得初入高三时，我还不适应理综卷的模式，因为以前都是分科答的，放在一起，我总是掌握不好时间，所以需要通过多做题来练习，根据自己的实际情况分配答题时间。因为高考的时间是有限的，所以答题速度十分重要，遇到不会的题可以先过，做个记号，等做完其他题之后，再回来思考，这样可以提高做题的效率。此外，每个人的答题习惯是不同的，有的人喜欢按顺序答，有的人喜欢一科一科地答，通过平时的练习找到最适合自己的方式，这样高考时才不会慌乱。还有重要的一点是，答理综时切忌慌乱，即使时间不够，也要静下心来，稳稳当当地答题，不然很容易出现不该犯的错误。

此外，平时练习时的答题习惯也十分重要。有的人喜欢做题时把答案放在旁边，边看答案边做题，这种习惯很不好，会形成一种依赖，而考试时是没有人会把答案放在你身边的，所以一定要做完完整的一套试题后再去对答案，就像在考试一样。有人遇到难题就不想思考，那就把平时的练习当成考试，我相信，如果是考试，再难的题你也会想做出一些步骤，得一些分。还有人平时不爱计算，要么用计算器，要么只写过程，认为自己只要思路正确就万事大吉了。其实，计算能力也是十分重要的，平时计算的准确度与速度决定了你高考时能否快速算出正确答案。我曾经就是那种不爱计算的人，结果高考时果然吃了亏，化学试卷中出现了三个计算错误。所以，平时一定要养成好的答题习惯，习惯都是慢慢养成的，从平时做起才是正解。

最后，我想说说高三的生活。我们不要因为准备高考而让自己的生活有太大变化，应像平常一样。如果生活的变化太大，反而会给自己一种无形的紧张感。也不用每天起早贪黑地学习，因为太累会让自己跟不上白天上课的节奏，反而得不偿失。我的习惯是困了就睡，如果今天不困就多学点，困了就早点睡，这样才能保证有好的精神状态。尤其在考前一个月，一定要让自己休息好，这样高考时才不会觉得累。当然也不能过于放松，适当的紧张是有好处的。更重要的是要有一个好的心态，每个人都希望自己能够成功考入自己理想的大学，但是不要给自己太大的压力，压力会影响自己的发挥，保持一颗平常心才是最好的办法。

希望大家都能把握高三，竭尽全力，不给自己留下遗憾！

学海泛舟

姓　　名：宁　可

录取院系：经济学院

毕业中学：黑龙江省牡丹江市第一高级中学

获奖情况：黑龙江省三好学生

黑龙江省优秀学生干部

全国中学生生物学联赛（省级赛区）

精心呵护挚爱之花，它才能绽放璀璨的笑靥。亲其师，信其道。热爱某个学科，我先从热爱老师开始。或细致认真，或幽默风趣，或学贯古今……每位老师都有其独特的人格魅力。于是一轮美丽的循环就这样产生了：越敬慕老师，越会专注听课，课后积极探索。

几天后，我将在金色晨曦的笼罩之下，心怀强烈的神圣感和使命感，激动地步入北大校园。我想象这一刻，清风轻柔拂面，晨光跳跃流转，空气中弥漫着叶子和碧草的清香。

这一天，圆了我12年的梦想。

这12年来，为了抵达梦想的彼岸，我在茫茫学海中摇桨、挥汗、振奋、欢笑。采撷心头闪烁的一缕缕微光，送给亲爱的学弟学妹们，愿你们学有所成。

请保持热爱和激情

无数故事都可以证明：爱是一把神奇的魔杖。热爱和激情，会赋予你乘舟前行的无限动力。

热爱面对一道难题苦苦纠缠终于豁然开朗的畅快。

热爱书写一篇妙文天马行空最后笔下生花的满足。

热爱在理性的山峰，化逻辑为石阶，以思考为天梯，步步登攀，一览众山小。

热爱在感性的湖畔，化领悟为垂柳，以感动为鸟鸣，静静徜徉，荷花别样美。

早晨洗漱的时候，虽然睡眼蒙胧，但我总是面对镜子给自己一个大大的笑脸，为自己加油。课堂上紧盯老师的眼睛。老师说我听课时是有表情的：疑惑，顿悟，两眼放光……晚自习上终于熟记所学知识点，感到头脑充实世界入我怀；或者披荆斩棘、所向披靡扫荡套卷，看分数日升、排名前进而暗自欢欣；或者殚精竭虑、咬牙切齿对战难题，灵光一现提笔狂书……我的一天就是这样——让心中熊熊火炬燃烧，照亮生命的路途！

精心呵护挚爱之花，它才能绽放璀璨的笑靥。亲其师，信其道。热爱某个学科，我先从热爱老师开始。或细致认真，或幽默风趣，或学贯古今……每位老师都有其独特的人格魅力。于是一轮美丽的循环就这样产生了：越敬慕老师，越会专注听课，课后积极探索。这份热爱所带来的点滴进步无疑会督促我们跳得更高，采摘树上更诱人的“苹果”。

当然，每一门学科自身都有其迷人之处。它带给我们新鲜感和挑战感，让我们始终保持探索的激情。其中甘甜，只可意会不可言传，只待学弟学妹们亲身体会啦！

对手，成就你的那个人

泰戈尔说过，人在必然世界里有一个有限之极，在希望世界里则有一个无限之极。对手的强大会给你带来竞争的压力，但由此诞生的希望世界才更具诱惑。在潜移默化中，能力发挥至极限之上的我们也将被引入新的高地。

在高中三年里，我一直有一个对手，我们竞争成绩榜上的最高点。

看到排名，无论是谁独占鳌头，他的脸上都会浮起一丝笑意，有时是战胜对手时淡淡的欣喜，有时是绝不服输重新备战的期待。我也如此。我想我们都知道彼此在想什么，我们都喜欢过程中的未知感和看到结果时的畅快感。

他是第一，我奋起直追；我是第一，他暗自较劲。棋逢敌手，酒遇知己。

当然，我的对手不止他一个。我常常与对手共同探讨难题，取长补短，在思维碰撞之时，我们收集了彼此智慧的闪光。对手的存在会激发我们无限的潜能，使我们不断超越自己。

感谢对手！

科学的方法造就成功

子曰："知之者不如好之者，好之者不如乐之者。"兴趣是开启知识之门的金钥匙。除此之外，学好各科的关键在于提高课堂效率，即上课认真听讲，跟随老师的节奏积极思考。通过保持清醒，调整坐姿，注视老师的眼睛，以及应对老师的提问，我们的专注度将有很大提高。这样，学习的两个方面——"记忆"与"做题"，我们就完成了前一半。除此之外，针对不同科目的特点，我还总结了以下学习方法，希望能对学弟学妹们有所帮助。

（一）数学、物理

1. 马虎不是理由

随着课程难度的加大，我越来越深刻地领悟到运算能力的重要性。一张试卷仅仅因我们"马虎"而运算错误导致的丢分，就可能多达十多分。如果我们平时不注意加强运算能力的训练，侥幸地认为"考试就会认真的"，那么考场上我们就会因为各种原因而造成运算失误，后悔不迭。所以，如果你是低年级的学弟学妹，那么你十分幸运，因为你还可以专门抽出时间练习计算（包括方程的正确推导）；如果你已经进入高三，学习非常紧张，那也没关系，远离计算器，对面前的每一道题都认真对待，静下心来运算，你的运算准确率还是能有很大提高的。

2. 注意二级结论的使用

二级结论是根据基本概念、基本规律，经过推理、论证、归纳总结出来的结论。如直线与圆锥曲线相交的弦长公式，正四面体内切球和外接球半径、棱长、高之间的换算关系，两物体刚好脱离时弹力为零、速度相等、加速度相等，等等。我们在做选择填空题时，正确使用二级结论对于加快解题速度、为压轴题的解答争取时间起到了至关重要的作用。

课堂上老师会渗透部分结论，同学们做题之后也会发现一些经常遇到且运算烦琐的知识，我们可以把它们当作二级结论来记忆。把它们集中整理，经常翻阅，才能熟记于心。

3. 适当多做题

刘勰的《文心雕龙》中有这样一句话："操千曲而后晓声，观千剑而后识器。"这个道理对数学和物理的学习同样适用。所有学科的学习都不可能仅靠记忆知识点就万事大吉，数学和物理尤其如此。我们只有见识各种各样的题型，才能加快解题的速度，即使在考场上遇到新题型也能从容应对。当然，题海无涯，我们需要精选出最适合自己的好题。对于一个知识点，题目无论难易，都要至少做几道以夯实基础；必考题型一定要多做；对自己的薄弱环节要强化训练。

4. 错题重做

人不应该在同一路段上跌倒两次。把错题粘贴在本子上，定期整理。在改对之后，我会至少再做两遍，防止只是记住答案而尚未理解过程。错题本重在"做"而非走马观花地翻阅。错题重做大大提高了我的学习效率。买一本你喜爱的本子作为纠错本吧，祝你心情愉快地攻克一座座“堡垒”！

（二）语文

1. 徜徉在芳草书香

这是你一个人的记忆，

像清晨接在指尖的一颗露珠，

你闻到它的芬芳，

但抓不住，道不清——这就是阅读的感觉。

我觉得阅读是一种幸福。翻阅人世千般气象、万种风情的纸页，触摸书中所诉故事的经脉，展读书中人物的笑颜，捧阅书中文章的内涵，那行云如水的语句、花雨缤纷的意境在一缕书香的温润中闪光、炫彩、歌唱。

请允许我直白地说，通过阅读来提升文学底蕴对语文学习有极大帮助，包括语感的积累、视野的开阔、理解能力的提升、写作素材的丰富……从而促进阅读和作文成绩的提高。如果你尚未踏进高三的门槛，请抓住机会品味书香吧。即使人在高三，在题海中艰苦跋涉后休息片刻，徜徉在芳草书香，难道不是一件乐事吗？

2. 面对古韵悠悠的考题

文言文部分，最困扰我的恐怕是对古文大意的理解了。我突破难点的方法是针对18个文言虚词，先掌握它们的用法。至于实词，我们可以记忆那些常用的。我采用的记忆方法将在后面的英语部分与大家分享。掌握文言文的翻译，还要注意常考的古今异义、宾语前置、定语后置、介词结构后置、省略等情况。

古诗词部分。我们读完一首诗歌，可以判断它属于哪一种类型，是怀古诗还是咏物诗等。一种类型的诗词常常运用相同的手法，抒发相似的情感。掌握倒装、省略等，才能避免可笑翻译的产生。

(三)英语

1. 背单词、背短语

听说过艾宾浩斯记忆曲线吗?这条曲线展示了遗忘速度随时间变化的规律。遗忘的进程并不是均匀的,最初遗忘的速度很快,以后逐渐缓慢。我最初看到它,就像探索到了宝藏,十分惊喜。我把它应用于英语单词和短语的记忆中,初次记忆后的前三天每天复习,之后复习频率减慢直至完全记牢。

另外,我还常用以下方法加快记忆:过度记忆,即刚好记住后再多记忆几遍;多感官记忆,包括视、听、读、写;把单词置于句子或者上下文中记忆。

多种记忆方法综合运用,可以大大提高记忆速度。

2. 大完形、大阅读

我之所以如此称呼完形填空和阅读理解,是因为两者基本决定了英语的得分。做完形填空题时要先读文章,做阅读题时要先读选项然后概括文章中心思想。在记叙文中,我会把自己想象为主人公,进而去揣摩到底选择选项中的哪种动作、哪个形容词,或者我通过这件事领悟了什么道理;说明文中通常有大量生僻词汇,但这不会影响我做题,在理清每段主题后,只需查找选项对应的段落;针对议论文,我会概括论点、论据和论证方式。

(四)化学、生物

1. 书读百遍,其意自见

化学、生物两科知识点相对琐碎,书中每一角落的内容都可能成为考查点。为了避免遗漏,书中任何知识都需要我们去认真研读,如化学课本中的实验装置图、科学探究等内容。至于萃取步骤之类容易模糊的知识点,我们甚至要把它背下来。在生物课本中,通读目录可以掌握全书的知识结构,黑体字部分尤其重要；常被我们忽视的每一章节的大小标题、相关信息、本章小结等，常常成为命题者的考查范围。

读书应慢、应静心。快速翻阅常常导致走马观花。将读书与做题间隔开来，有助于我们集中注意力，提高效率。

2. 错题本一本多用

化学、生物两科的一些考题可能有多种回答方式，其中的某一种答案可能在这次批卷时被判为正确，下次却会失分。所以，我会将我所写的答案与标准答案对照，每一次都仔细揣摩，渐渐提高两者的相似度。我建议大家可以把表达不准确、依靠“人品”得分的题目记录在错题本上，经常分析标准答案。

当掌握了书中的基本知识后，我会把书中所有尚未记住的知识点抄写在错题本上，这样无须看书就能够修补知识漏洞了。

错题本还可用来记录做题得到的感悟。

当密雨斜侵

我很欣赏这句话的霸气：任你密雨斜侵，我自坐拥王城。

对艰难苦痛一笑而过，静心修炼，直至云销雨霁，彩彻区明。这是磨难袭来时我们应该采取的态度。

距离高考还有四个月，我突然发现自己不再叱咤风云了。

习惯于从成绩榜最高处查找名字的我，迈向那拥挤的人群时突然胆怯了。抬头，视线缓缓下移，才发现了自己的名字。这个成绩，考进北大基本无望了。

学年排名是一个两位数。我不敢接受两位数的产生。这个数字在我心里刻得很深很痛，至今我还能清晰记得它掠入眼帘时的惊悚。

眼泪就要落下来了。我突然发现想哭就哭真是一件幸福的事。

那几天连做题时都是痛苦的，但我知道沉溺痛苦只能败得更惨。我暗下决心，一定要重回原来的榜首位置，一定让我的梦想成真。我缩短了睡眠时间，加快了脚步，骤减了闲聊，拼命地听讲和做题。虽然数学是我的硬伤，但还好其他科目能够弥补。况且，我相信天道酬勤，一直狂做数学题。

课代表在小黑板上写道："数学虐我千百遍，我视数学如初恋。"这句话很久都没有被擦掉，在黑板上，更在我的心里。

距离高考还有三个月。平时物理、化学、生物单科成绩很好的我，合为一卷后答题节奏被打乱了，成绩一下子跌入谷底。

班主任找我谈心。她说之所以物理、化学、生物合为一张卷后我的成绩骤降是因为我的自信心不足以支持考场上的两个半小时。或者说，我的内心不够强大，导致答题乱了节奏。恰好第二天放假，老师给了我一天时间让我调整心态，争取重归巅峰状态。

距离高考还有两个月。我依然在低谷状态徘徊，努力了，但我没有得到预期的回报，迎接我的是两次模考的惨败，分别是学年的第11名和第19名。

我依然望着成绩榜的最高点，听拥挤的人群惊叹第一名那像山一样高的分数。宠辱不惊，闲看庭前花开花落；去留无意，漫随天外云卷云舒。

距离高考还有一个月，空气里弥漫着硝烟的味道，出征的号角已然吹响。有些同学似乎乱了阵脚，焦虑、暴躁、失眠。但我依然能笑傲风雨，淡然处之。静心地复习、静心地提升。终于，三模，我东山再起。

高考，我重回巅峰。梦想中的北大，我来了！

成大事者必有静气

“每临大事有静气。”这是晚清两代帝师翁同龢教导弟子时所言。他认为自古以来贤圣之人，越是遇到惊天动地的大事、险事，越能心静如水，处变不惊。

高考，这是人生的第一个转折点。假如有这样一位同学：

黑板上的倒计时飞逝为个位数，天气一天比一天炎热，永远有无数卷子还没做，有一摞教材还需再看。他心烦意乱了……

天黑了，他躺在床上辗转反侧，无法入睡。明天就是高考，好成绩就是开启辉煌人生的钥匙……

阳光下他走进考场，校门外拥挤的人群中有焦急等待的爸爸妈妈。卷子发下来了，答题时间到了。他的手开始颤抖，额头开始冒汗，大脑一片空白……

我们能预测到，等待他的，一定是让人心灰意冷的结局。

成大事者必有静气。静气从哪里来？首先来自实力，而这来源于十几年的积累。有道是“宜未雨而绸缪，勿临渴而掘井”。另外，请相信心理暗示的力量，经常鼓励自己“我是最棒的”“我能行”，也一定卓有成效。当然，树立信心，减轻压力，也可以通过向亲友倾诉郁闷心情、降低目标、适当运动、做深呼吸等方式来实现。

学弟学妹们，我愿与你们分享一副对联：以梦为马，踏翻暗石峻垒；用心撑帆，冲破逆流洪波。青春不奋斗，何以为青春？在烟波浩渺的学海，何不用飞扬的激情歌唱，用不懈的拼搏摇桨，开辟人生崭新的天地！

浅谈高中语数英的学习方法

姓　　名：詹　煌

录取院系：生命科学院

毕业中学：广东省深圳市翠园中学

获奖情况：全国高中数学联赛一等奖

全国高中学生化学竞赛（省级赛区）一等奖

全国中学生生物学联赛（省级赛区）二等奖

学习数学一定要讲究“活”，只看书不做题不行，只埋头做题不总结积累也不行。对课本知识，我们既要能钻进去，又要能跳出来，要结合自身特点，寻找最佳的学习方法。华罗庚先生所说的“由薄到厚”和“由厚到薄”的学习过程值得我们在实践中用心体会。学习方法因人而异，但学习的四个环节（预习、上课、作业、复习）和一个步骤（归纳总结）是少不了的。

在高中阶段，不能只局限于知识的学习，更要重视观察、思考、分析、阅读、动手等能力的培养。想要尽快适应高中的学习生活，同学们必须在了解高中学习特点的基础上，掌握科学的学习方法。要想掌握科学的学习方法，就应做到主动预习、正确听课、有效复习。

1. 主动预习

在浏览教材的总体内容后再细读，充分发挥自己的自学能力，理清对哪些内容已经了解，对哪些内容有疑问或是看不明白（即找重点、难点），分别标出并记下来。这样既提高了自学能力，又为听课“铺”平了道路，形成期待老师解析的心理定式，这种需求心理定式必将调动起我们的学习热情和高度集中的注意力。预习，主要就是要做到看书速度快，理解速度快。最重要的是要克服内外干扰。内部干扰主要指疲劳、疾病、与学习无关的思想感情等；外部干扰包括各种杂音、让人分心的画面、味道以及其他刺激物等。克服内部干扰的手段主要是积极锻炼身体，保证充足的睡眠，有意变换学习内容，避免用脑过度，防止身心过于疲劳等。克服外部干扰的手段除了要尽量避免影响注意力的外界刺激，例如把桌上无关的画报、玩具收掉，把收音机关掉，还要有意识地锻炼自己的意志，培养“闹中求静”的本领，使注意力能始终保持在一定水平并具有韧性。

2. 正确听课

认真听老师讲课是获取知识的最佳捷径。听课时我们应保持精力旺盛、头脑清醒，这是学好知识的前提条件，是提高课堂效率的必要保证。课堂上，集中注意力十分关键，不要思想开小差。在老师讲解时，应做到认真观察、积极思考。有的同学听课时，往往忽视老师讲课的开头和结尾，这是错误的。开头，往往寥寥数语，但却是整节课的纲。只要抓住这个纲去听课，对下面的内容才会眉目清楚。结尾的话虽也不多，但却是对一节课精要的提炼和复习提示。同时，听课过程中我们一定要注意老师反复强调的部分。听课时，应做好课堂笔记。俗语说：“好记性不如烂笔头。”笔记可以帮助我们充分理解与消化知识。做笔记时，充分调动耳、眼、手、心等器官协同工作，可帮助我们学习、记忆。争取在老师讲课时，就把这一部分内容学会、理解，否则下课再自学就会花费很多的时间和精力，而且效果不一定好。上课听讲是最重要的一环，学生的大部分时间都在听课，这么多的时间如果利用不好，就太可惜了。上课听课效率高不但可以节省复习时间，对我们提高做题速度也有极大的帮助。课后有针对性地做一些练习题，不能偷懒，也可以在课后复习时把课堂例题反复演算几遍，毕竟上课的时候是老师在进行题目的演算和讲解，学生在听，这是一个比较机械、比较被动的接受过程。也许你认为自己在课堂上听懂了，但实际上你对于解题方法的理解还没有达到一个比较深入的程度，并且容易忽视解题过程中的一些难点。

对于任一学科题目的解法，光靠在脑子里大致想想是不够的，一定要经过周密的笔头计算才能够发现其中的难点并且掌握解决的技巧，最终真正掌握这类题的解法。

3. 有效复习

高中复习在于平时，考前的“临时抱佛脚”是不起作用的。复习可这样进行：课后回忆，即在认真听课的基础上，下课后把所学内容回忆一遍；精读教材，对教材理解得越透，掌握得越牢，学习效率自然也就越高；整理笔记；看参考书，这是补充课外知识的好方法；查缺补漏，系统掌握知识结构；循环复习，复习完甲后复习乙，在复习完乙后对甲再进行一次复习，这种循环复习有利于记忆。对复习来说，做题也是其中重要的一部分。无论现在的人如何批评“题海战术”，但是我觉得对数理化这些科目来说，做题是必不可少的，这是一个把自己所学的知识与具体操作结合的过程。所以，学习数理化，做题是必需的，但做题并不意味着见一道做一道，我认为做题“贵精不贵多”，做一道题要学会“举一反三”，用心揣摩这一类题目的特点，这是提高做题效率的很好的方法。同时要注意每做一道题，要有做一道题的收获。这个收获从哪儿来呢？就是总结归类。寻找不同的题型、不同的知识点之间的共性和联系，把学过的知识系统化。

总结归类时，要看看每一道题的条件是怎么进行组合的，和你采取的方法有什么内在的联系。这样，将来遇到类似的问题，就有处理的方法了。数理化再千变万化，也是有章可循的，一定要关注题的解决方法和题的条件之间有什么联系，点点滴滴就形成思维定式——拿到条件，就要分析它和哪个解题方法有联系，形成一种见到条件就能够联想出方法的能力。这样，我们既可以比较准确地把握方法，也可以提高做题的速度。另外，要想提高做题的速度，不妨先有目的地找一些题目，自己估量一下做题的速度，看看自己哪种类型的题做得比较快，哪种类型的题做得比较慢，再好好分析到底是由于什么原因影响了你的速度，然后根据情况改进做题方法，或是改变做题思路，这样慢慢提高速度应该也较为可行。

高中语文学法指导

进入高中后，很多情况都与以往有所不同，我们要学会适应、改变。尤其是各个学科的学习方法，初高中会有明显的差别。下面就高中语文的学习方法，我谈一下自己粗浅的看法。

由于初中阶段的知识相对简单，考试内容几乎全是基础知识，学习方法也主要是死记硬背。进入高中，无论是知识的数量还是深度，都比初中增加了很多，这就要求我们不仅要掌握好基础知识，更重要的是深入理解、灵活运用，这种能力单靠死记硬背很难奏效。初中时以老师讲授为主，学生自学空间较小；进入高中后，老师只起引导作用，更多的是要求学生自己去学习。这就要求我们养成良好的学习习惯，培养自学能力、自制能力。

高中语文学习强调培养“听、说、读、写”四种能力，这四种能力也体现了高中语文学习的重要性。语文学科是一门基础学科，对于学生提高自身素质和学习其他学科都起着举足轻重的作用。英语也是语言学科，与语文有着密切的联系，自不必说政、史、地同样离不开语文。就是数、理、化、生这些看起来与语文风马牛不相及的学科，也需要语文做基础。如果语文基础太差，阅读理解能力和语言感觉能力都没有培养起来，那么要理解英语短文，分析政、史、地材料，理解公式、定理就会非常困难。并且语文作为高考的一个主要考试科目，分值较大，所以我们不仅要学，而且必须要学好。更何况学好了语文还可以陶冶我们的情操，为我们的生活增添无穷的乐趣。

高中语文的四种能力中，备受师生青睐的是“读”和“写”。

先说“读”。怎样读才能提高语文能力呢？不仅要读教材，而且还要勤读课外书。鲁迅先生说过：“蜜蜂如果只盯着一朵花，很难酿出甘甜的蜂蜜。”语文阅读也是如此，读的课外书多了就好像蜜蜂跑了很多路，采了很多花粉，定能酿出又多又甜的蜜来。可能有同学会说：“初中时我也读了很多课外书，语文成绩的提高怎么不明显呢？”这就要注意读书的方法了。古人云：“不动笔墨不读书。”这些都是经验之谈。读书时我们必须学会圈点勾画，学会做读书笔记，无论是读教材还是课外书都应如此。写读书笔记有助于我们培养勤于思考的习惯，提高思维的条理性和深刻性，加深对文章的理解和记忆。做读书笔记的方法很多，可以摘抄，比如好的文章；可以摘录，比如精彩语段、语句；可以做卡片，将不同的知识分类整理；可以总结要点，理清文章思路，学习别人构思文章的方法；还可以写读后感，整理自己的思想，记录自己的感受。

在读书的过程中，可能会遇到一些疑难问题，每次遇到问题都去问老师或同学又不现实，怎么办？这就要求我们养成勤查工具书的习惯。工具书不仅可以随时解决我们阅读中的疑难问题，还可以作为一般书籍来读，此所谓“开卷有益”。

读书的一个重要方面应该是朗读背诵，对于同学们来说，就是至少要朗读背诵教材中要求背诵的篇目。朗读背诵是学习语文的传统方法，是积累语言、培养语感的重要途径。很多名人大家，比如鲁迅、茅盾、钱锺书等，都得益于年轻时大量的朗读背诵。当然，背诵要下苦功夫。背诵方法也有很多，可以分层背诵，也可以化整为零，还可以先抓要点再连贯地背诵。背会之后还要经常复习运用，这样就可以做到终身不忘。“书读百遍，其义自现”，读背的多了，阅读理解能力自然就会随之提高。

“敏而好学，不耻下问。”在读书的过程中，有些问题依靠工具书解决不了，怎么办？这就需要我们求教探讨。对于弄不懂的问题，我们可以问老师、家长、同学，问一切可能了解情况的人，要想学好语文就必须养成求教于人的习惯。当然，问了之后仍有不明白的，还可以提出疑问，进行探讨，甚至辩论。

再说“写”。除了老师安排的作文、周记以外，同学们还应养成勤写日记的习惯。写日记就是把一天的所言所行、所见所闻、所思所感，有选择、有重点地记录下来，切勿记流水账。写日记对积累写作素材、储存知识的作用是显而易见的，日记不仅形式多样，而且内容也相当广泛。日记就是写给自己看的，自己想写什么就写什么，不必有所顾虑，也不必过多加工。最初可能写得很简单，语言也不一定流畅，坚持写下去，表达能力就会逐渐提高。至于“听”和“说”，虽然有些同学不太重视，但并不等于这些能力不重要。

就拿“听”来说，俗话说：“会听的听门道，不会听的听热闹。”此话一点不假，同样坐在教室里听课，为什么有的同学收获大，而有的同学却一无所获呢？这恐怕就是在“听”上出现了差别。有些同学听课不专心，容易开小差；听懂了一点，就很满足，不愿也不会再深究下去；或只拣些有趣的听，听到深奥的就皱眉头，就放弃不听，去搞小动作了。这样的同学，即使原来有些基础，长期下去，成绩也不会太好。相反，一些成绩优秀的同学却能听出主次、听出要点，能听思结合，自觉地将新旧知识有机地结合起来。其实，他们也会有听不清或弄不懂的地方，这时他们选择的不是放弃，而是依靠意志，坚持听下去，在听下去的过程中领会前面不懂之处。况且，实在听不懂的话，还可以去问老师、同学。

“说”，其实就是口语交际。新教材上对这种能力的培养有明确的要求，因为考试不直接考查，平常学习时我们往往会忽略这一内容。实际上，“说”应该是现代人才的基本素质，是人际交往的需要，更是立足竞争社会的必备能力，绝不可轻视。所以，平时我们要加强训练，在课堂上积极发言，把自己的理解大胆地说出来，不要以为心里明白就可以了。

高中学习，学科多，我们的学习阵地主要还是课堂。要想取得好成绩，就必须提高听课效率。如何提高听课效率呢？我想关键在于课前预习，预习主要是指对有关语文知识或短文的阅读和思考。要取得好的预习效果就要有明确的预习目标，有经验的老师会对学生的预习进行相应的指导，学生在预习过程中，也可以寻找一些适合自己的办法。在充分预习的基础上，学生带着问题去听课，在听中求解，善于听重点、难点，眼、耳、手、脑并用，这样听课效果肯定差不了。

以上只对高中语文学习的一般方法粗略地介绍了我的感想，至于各个知识点的学习方法，希望同学们在老师的指导下逐个掌握。我相信，只要同学们胸怀大志，又有提高语文水平的要求，能培养起学习语文的兴趣，扩大阅读量，提高读写效率，课堂上主动参与，针对高考考点进行有效的学习，那么语文成绩的提高指日可待！

高中数学学法指导

1. 培养良好的学习习惯

反复使用的方法将变成人们的习惯。什么是良好的学习习惯？良好的学习习惯包括制订计划、课前自学、专心上课、及时复习、独立作业、解决疑难、系统小结和课外学习几个方面。

(1) 制订计划使学习目的明确，时间安排合理，不慌不忙，稳打稳扎，它是推动我们主动学习和克服困难的内在动力。但计划一定要切实可行，既有长远打算，又有短期安排。在计划执行过程中我们应严格要求自己，磨炼学习意志。

(2) 课前自学是上好新课、取得较好学习效果的基础。课前自学不仅能培养自学能力，而且能提高学习新课的兴趣，让我们掌握学习的主动权。自学不能搞走过场，要讲究质量，力争在课前把教材弄懂，上课着重听老师讲思路，把握重点，突破难点，尽可能把问题解决在课堂上。

(3) 上课是理解和掌握基本知识、基本技能和基本方法的关键环节。“学然后知不足”，课前自学过的同学上课更能专心听课，他们知道什么地方该详细，什么地方可以一带而过，该记的地方才记下来，而不是全抄全录、顾此失彼。对于上课时老师给我们总结的题型、解题技巧、解题方法更应该记在笔记本上，也可记在书中空白处。

(4) 及时复习是高学习效率的重要一环。通过反复阅读教材，多方面查阅有关资料，我们可以强化对基本概念知识体系的理解与记忆，将所学的新知识与有关旧知识联系起来，进行分析比效，一边复习一边将复习成果整埋在笔记本上，将所学的新知识由“懂”变成“会”。

(5) 独立作业是通过自己的独立思考，灵活地分析问题、解决问题，进一步加深对所学新知识的理解和对新技能的掌握的过程。这一过程也是对我们意志毅力的考验。

(6) 解决疑难是指对独立完成作业过程中暴露出来的对知识理解的错误，或由于思维受阻遗漏解答，通过点拨使思路畅通，补遗解答的过程。解决疑难要求我们有锲而不舍的精神：做错的作业再做一遍；对错误的地方没弄清楚时要反复思考；实在解决不了的要请教老师和同学；要经常把易错的地方拿来复习强化，做适当的重复性练习，最终转化成自己的知识。这样长期坚持下来，就会使我们对所学知识由“熟”变为“活”。

（7）系统小结是通过积极思考，达到全面、系统、深刻地掌握知识和发展认识能力的重要环节，可分为章节系统小结和题后系统小结。小结要在系统复习的基础上以教材为依据，参照笔记与资料，通过分析、综合、类比、概括，揭示知识间的内在联系，以达到对所学知识融会贯通的目的。经常进行多层次小结，能对所学知识由“活”到“悟”。对数学知识的“悟”的程度决定了我们能否达到学会一道题而会一类题，使我们的学习效率成倍提高。

（8）课外学习包括阅读课外书籍与报刊，特别是与高年级同学或老师交流学习心得、学习方法等，是课内学习的补充和继续。课外学习不仅能加深和巩固课内所学的知识，而且能够满足和发展我们的兴趣爱好，培养我们独立学习的习惯和能力，激发我们的求知欲与学习热情。

2. 注重数学思想的培养和数学方法的积累

数学的学习实质就是学习解决数学问题的思想和方法。当我们遇到一个新问题时，总想用熟悉的题型去“套”，这只是满足于解题，而只有对数学思想、数学方法理解透彻及融会贯通时，才能提出新看法、巧解法。高考试题十分重视对于数学思想方法的考查，特别是突出考查能力的试题，其解答过程都蕴含着重要的数学思想和方法。我们要有意识地应用数学思想、方法去分析问题、解决问题，提高自己的数学素养。

高考试题主要从以下几个方面对数学思想、方法进行考查。

（1）常用数学方法：配方法、换元法、待定系数法、数学归纳法、参数法、消去法等。

（2）数学逻辑方法：分析法、综合法、反证法、归纳法、演绎法等。

（3）数学思维方法：观察与分析、概括与抽象、分析与综合、特殊与一般、类比、归纳和演绎等。

（4）常用数学思想：函数与方程思想、数形结合思想、分类讨论思想、转化（化归）思想等。

数学基本方法是数学思想的体现，具有模式化与可操作性的特征，可以作为解题的具体手段。数学思想是数学的灵魂，有较高的地位和层次。我们常常在学习、掌握数学知识的同时获得数学思想与数学基本方法。随着时间的推移，我们的记忆力减退了，可能会忘记一部分数学知识，但数学思想、方法会一直保留下来。因为数学思想、方法是一种数学意识，只需要领会和运用，它属于思维的范畴，用以对数学问题的认识、处理和解决。掌握数学思想、方法，不是受用一阵子，而是受用一辈子。可以说，“知识”是基础，“方法”是手段，“思想”是深化，提高数学素质的核心就在于提高我们对数学思想、方法的认识和运用，数学素质的综合体现就是“能力”。

数学学科担负着培养运算能力、逻辑思维能力、空间想象能力，以及运用所学知识分析问题、解决问题的能力的重任。它的特点是具有高度的抽象性、逻辑性和广泛的适用性，对能力要求较高。学习数学一定要讲究“活”，只看书而不做题不行，只埋头做题而不总结积累也不行。对课本知识，我们既要能钻进去，又要能跳出来，要结合自身特点，寻找最佳的学习方法。华罗庚先生所说的“由薄到厚”和“由厚到薄”的学习过程值得我们在实践中用心体会。学习方法因人而异，但学习的四个环节（预习、上课、作业、复习）和一个步骤（归纳总结）是少不了的。

高中英语学法指导

1. 端正学习态度，发挥主观能动性，保持学习的激情

学生作为学习的主体，要明白只有充分地发挥主观能动性，培养自主学习的能力，才能使学习效果更显著。作为高一的学生，我们要明确地知道，高中英语内容比较多，难度比较大，对学习自觉性的要求比较高；还应该明白，纯熟的技艺是苦练的结果。所以，我们必须在英语学习上下苦功夫，要勤学苦练，持之以恒，克服畏难、怕羞、不敢开口的心理。课堂上要专心听讲，认真记笔记，大胆发言；课后要及时、反复地复习所学的内容，认真完成口头和笔头作业，对掌握不牢的、不太清楚的问题要及时请教老师和同学。

2. 调整心态，树立信心，实现从被动学习到主动学习的角色转换

初中英语教学内容少，知识难度不大，教学要求较低，因而教学进度较慢，对于某些重点、难点，教师有充裕的时间反复讲解，学生可以多次演练，从而各个击破。另外，为了应付中考，初中教师大多数采用“满堂灌”填鸭式的教学模式，单纯地向学生传授知识，并让学生通过机械式模仿的重复练习达到熟能生巧的程度，结果造成“重知识，轻能力”“重局部，轻整体”“重资料，轻书本”的不良倾向。进入高中以后，英语教材内涵丰富，教学要求高、进度快，知识信息广泛，题目难度加深，对于知识的重点和难点，学生不可能像在初中时那样通过老师反复强调来掌握。这使得刚入高中的学生不太适应高中老师的教学方法，听课时存在思维障碍，不容易跟上老师的思维，从而影响学习效果。因此，如果你仍按照上初中时的学习方法、学习习惯来解决碰到的困难和问题，难免会碰壁。所以，我们要保持对英语学习的兴趣和信心，增强通过积极思考来获取知识的意识，培养自学

能力，努力实现从被动学习到主动学习的角色转换。

3. 培养良好的学习习惯

播种一种行为，收获一种习惯；播种一种习惯，收获一种性格；播种一种性格，收获一种命运。对高一新生来说，学习习惯至关重要，对于初中阶段的学习习惯，高一新生不仅仅要继承，更要发展、完善。具体来说高中学生应培养如下习惯。

(1) 养成课前预习、课堂高效听课和及时复习的良好习惯。

课堂上我们应始终保持注意力高度集中，积极思考，尽量做到心到、眼到、耳到、口到、手到，积极培养有意注意的能力。在课内我们应有意识地识记该课的生词、短语、句型、重点句子，力争在课内就把这节课最重要的学习内容记住，当堂消化。这也是会学习并高效学习的一个重要标志。预习和复习也是高中学习不可或缺的两个环节，缺了这两个环节或这两个环节做得不到位，都会给英语学习带来严重的阻碍。对于所有学过的内容，我们要坚持不断地、反复地复习，这样才能在接受新知识的同时又能牢固掌握过去学过的内容，新旧结合，最终达到运用自如。

(2) 养成朗读的良好习惯。

英语首先是一门语言，要学好语言，必须具备听、说、读、写的能力，而读是其中的前提。坚持朗读可以提高发音的准确性和语言的节奏感，能够提高听力水平，培养语感，有助于提高我们的英语思维能力、阅读能力和写作水平。总之，朗读是提高我们英语口语能力和英语成绩的必经之路。根据相关研究，一个人早晨起来时和就寝前是学英语的最佳时间，望大家不要错过好时机。

(3) 养成阅读的良好习惯。

扩大阅读量是高中英语学习的重要特点，因此在过渡阶段开始扩展一些阅读，对我们的学习是很有帮助的。要养成坚持每天阅读一定量的语言材料的好习惯：例如，高一每天要做两篇阅读理解，每周做两篇或三篇完形填空；又如，阅读一些英文报刊等，如此我们既可以了解新闻时事的英文表达，又可以欣赏到美文趣事。我校给每位同学订阅的《英语周报》就是不错的阅读材料，阅读后还可以通过答题来检测自己的理解能力。

（4）养成使用工具书的良好习惯。

查字典也是一种学习技能。在初中可能没有过分地强调，但到了高中，随着阅读量的增大，随时都会碰到词汇方面的问题，而所有的疑问不可能都由老师给予答复，这时就得靠我们自己去查字典求得解答。所以，我建议每位同学配备一本《高阶英汉双解词典》或《学生实用英语高考必备》，并学会高效地使用它，这将会给我们的英语学习带来莫大的好处。同时我们还需自备一本适宜的英语语法书，养成经常翻阅的习惯，在遇到语法问题时能及时查阅，解决疑惑。

（5）养成收集、整理错题、典型题的良好习惯。

收集、整理错题，大部分教师都会对学生提出这一要求，但很多学生只是为了应付教师的检查而敷衍了事，错题集没有起到应有的作用。收集、整理错题的目的是为了提高学习的有效性，因此具体做法也必须到位。一方面不能把所有做错的题目都收录进去，另一方面也不能为了节约时间而只收录一小部分，这两种做法都起不到作用。另外，对错题不能只是把题目和答案抄写在本子上就完事，而要把具体的分析过程记录在内，包括当初自己做错的原因及正解的理由，最好附上类似的题型，并比较其中的异同，做到举一反三、触类旁通。

（6）养成记笔记、摘抄和记英语日记的良好习惯。

任何一门学科的学习，都是长期积累的过程，仅凭记忆是远远不够的，英语尤其如此。那么，应怎样记笔记呢？我们可以把笔记内容分类记录，例如：课文知识点集锦、词组和句型集锦、阅读词汇集锦、佳句集锦、错题集锦、习语集锦，等等。

在阅读的过程中做好摘抄也是一种好习惯。平时可以专门准备一本英语摘抄本或剪贴本，把阅读时看到的实用的词汇、短语及精美的语句或格言、谚语等摘抄下来，闲时若能经常翻阅巩固，对提高我们的英语表达能力可以起到事半功倍的作用。此外，在假期里我们还可以抽空尝试写英语日记，养成动笔的习惯，有话则长，无话则短，试着使用一些摘录下来的词汇和语句，从使用简单句向使用较复杂句子、使用关联词的方向过渡，这样做对高中英语写作将会有较大帮助。

(7) 养成良好的书写习惯，写出优美的字体，受益终生。

书写贯穿于我们的生活、学习之中，已经成为我们必不可缺的一项技能，也是一个人有修养、学识高的表现，更能在考试、升学、就业和社会交往中发挥重要的作用。郭沫若先生认为，培养中小学生写好字，不一定要人人都成为书法家，但总要把字写得合乎规格，比较端正、干净，容易认。一篇娟秀、整洁、干净的作品在高考中格外吸引阅卷老师的眼球，赢得较好的“印象分”。因此，同学们一定要注意这一点。

总之，英语是一门语言性记忆学科，学习时我们要“涓涓细流”“细水长流”，切忌“热”一阵，“冷”一阵，遇到困难和挫折时要矢志不渝，切忌一曝十寒。有道是“滴水穿石不是力量大，而是功夫深；成绩优良不是天资高，而是勤奋学”。我们应做到：学英语，不断线；与英语，天天见。兴趣使然，习惯使然，持之以恒，不懈努力，坚持下来你会发现英语其实也蛮可爱的！

因时制宜得佳绩

姓　　名：赵诗琪
录取院系：物理学院
毕业中学：安徽省蚌埠第二中学
获奖情况：全国高中数学联赛（省级赛区）二等奖

最好的游泳运动员最后不是靠惯性达到终点，而是一直奋力划水直到手摸到池壁。最好的学生也不是靠平时的积累“滑”到高考，而是直到考前的最后一刻仍心平气和地寻找着自己可以进步的地方。始终保持平和的心态，会让你更容易发挥出好的水平。

在学习中，很讲究在相应的时间内做好对应的事情。每个阶段都应想清楚这个阶段的目标，然后制订相应的计划并认真地实施。

高中三年，每个阶段的目标都不同，每个阶段对我们的学习以及心态也有着不同的要求。扎实的知识学习和良好的心态是密不可分的整体。扎实的知识学习是取得好成绩的基础保障；良好的心态可以使我们更好地掌握知识，更好地在考场上发挥出自己的水平。而具体应该怎样调整学习计划和心态则因人而异。下面我简单介绍一下自己在不同阶段对于学习策略与心态调整的一些体会，希望对学弟学妹有所启发。

上新课阶段

总体目标：跟上老师的节奏，尽可能扎实地掌握基本知识

学习策略：熟练掌握主干知识，透彻理解概念内涵

高中的学习内容很多，为了能在有限的时间内更好地掌握知识，这一阶段可以先着力将主干知识熟练掌握。而与此同时，第

一次接受新知识时的印象往往较深，因此也应重视对概念的理解和辨析，避免将来在繁多的题目中混淆概念。

下面就让我来谈一谈对于这一阶段每一科需要注意的问题。

数学：为了熟练掌握主干知识，可以跟着老师的进度自己做一些章节的配套习题，这些习题可以是老师布置的作业，也可以是自己补充的练习，但最好每一部分（统计等章节除外）至少能做3套以上完整的练习（一般来说，老师布置的作业加上考试就可以轻松达到或超过这一数量）。因为完整的练习可以基本覆盖所有的主干知识点，而不同的练习又互为补充，使我们所掌握的知识得到巩固和提高。此外，一定要将书上的概念、定义理解透彻，不能轻视。例如，零向量是和所有向量平行还是垂直（这个问题我直到高考前还出错过）？又如，一个结论是公理还是定理（2013年安徽高考理科数学就考到了与此相关的问题）？在学习立体几何时，我们还可以尝试自己将书上的定理加以证明，这有助于我们对这一定理有更深的理解。

语文：为了熟练掌握主干知识，对课本上文言文虚词的意思我们一定要理解清楚，因为高考试卷中经常出现与书本上的文言虚词相关联的题目，而这里恰恰是很多同学经常丢分的地方。至于透彻理解概念内涵，在语文学习上主要体现为辨别清诗歌鉴赏和现代文阅读中的各种术语并记住题型。因为直到高考临考前还有不少同学仍然分不清各种术语，分不清针对各种题型什么时候该用什么术语。所以，我们平时可以多看看题目，然后对号入座，以便对这些术语、题型有更深入的理解。

英语：要熟练掌握主干知识，当然首先应该熟练地背诵单词。单词在各个题型中的分量显而易见，更不用提在单选题中还常常有辨析四个动词或形容词的题型。课后单词量很大，需要我们在平时一点一点积累。至于透彻理解概念内涵，在英语学习上主要体现为理解各种语法知识，这也需要我们在平时多积累，否则当几种从句一起出现的时候就容易搞混。

物理：学习物理与学习数学类似，在掌握了基本的解题方法之后，我们需要通过做大量的题目来加以巩固。为了熟练掌握主干知识，同时也为了透彻理解概念内涵，我们在理解了各种公式之间的推导关系之后可以尝试自己去推导（如运动学中的各个公式，动量守恒中的许多推导式），这样不但可以加深理解，同时还不容易忘记。

化学：化学的知识点还比较整齐，只要我们在学新课的过程中注意理清知识脉络并加以适量的练习，就能比较好地掌握主干知识。化学考试中常常考一些小的概念，如果我们对概念内涵的理解稍有模糊，就很容易出错。例如，平衡常数中的单位是浓度而不是物质的量之类的。对于这一类问题的解决，一方面需要我们在上课时认真听老师强调的易错点，另一方面需要我们做一定量的练习题和总结错题。

生物：生物学科知识点多而细，上课时我们一定要认真听老师补充的易考知识点（有时老师补充的内容虽然书上没有但还经常考到），课后应及时做相应的练习加以巩固。切不可上新课时因其他学科任务紧而想着将它拖到复习阶段再来学习。因为那么多知识点，就算三年间我们不断地练习，都不一定能完全记住，怎么能指望在一年内就全部掌握呢？

心态调整：对自己充满信心，绝不轻言放弃

初上高中，可能有些地方我们不太适应：也许是觉得以前学过的知识自己能轻易掌握，而现在的知识，即使老师讲过了，有些作业自己还是不会做；也许是觉得自己已经努力了，但成绩还是不能很快提高；也许是觉得周围的同学都比自己优秀，等等。

这时，千万不能怀疑自己的学习能力，千万不能想“算了，不努力了，随它去吧”。我们要告诉自己，经历的这些是大多数高中新生都会经历的，不是因为自己不如别人。要相信自己，只要努力，就一定会有收获；要相信自己能学好，然后以积极的心态去寻找解决问题的办法，而不是自我否定，然后自暴自弃。

复习阶段

总体目标：将遗漏或遗忘的细小知识点补上，将自己的弱项提高

学习策略：精细掌握细小知识点，着力攻破弱势瓶颈

复习阶段正是掌握细小知识点和提高弱势科目的最好时机。因为随着新课的结束，我们有了更多的时间将注意力转移到容易忽视的细微之处或平时薄弱的环节。

下面就让我来谈一谈对于这一阶段每一科需要注意的事项。

数学：易遗漏的知识点有统计、概率方面的知识。无论是必修的部分还是选修的部分，都非常容易被同学们遗忘。而偏偏几乎每年都会出一道与统计、概率相关的，平时不太被大家注意的题目。与其等题日出来了才发现不会，不如我们提早准备，将书上的知识都一一掌握。成绩好的同学，可以多关注教材上有但题目中很少出现的条件概率问题，因为一旦题目涉及条件概率，如果事先没有准备，会很难发现它是条件概率问题或不知道从何下手。如果你的弱势科目是数学，则应该注意对数列、导数、解析几何等典型大题进行专项训练，将不会做或做错的题完完全全地弄会、弄透，同时注意一种题型的多种解法，并对这些解法进行总结；每一次遇到类似题目时应有意识地与先前做过的题目进行对比归类，如此方能举一反三，更好地掌握。

语文：易遗漏的知识点是很多常见文言文字词的不常见的含义。这一点不仅在文言文的前两道选择题中有所体现，在翻译题中也需特别注意。我们常常遇到这样的情况：文句在整体上很好翻译，但其中重要的字却不易被注意到。这就需要我们平时对这些字词进行总结，在解题时才能敏感地发现它们并把它们正确地翻译出来。如果你的弱势科目是语文，则需要分专题训练，掌握每一种题型的解题技巧。至于做练习，以看为主、以做为辅是比较有效的方法。如果想在作文上有所突破，一是可以收集不常用但是很典型的素材，或者时代感强的作文素材；二是可以学习以优美的语言拟分论点；三是可以积累一些能在开头和结尾套用的优美语句。这样，一篇作文内容充实、结构清晰、语句优美，自然可以取得高分。

英语：对于很多理科生来说，英语可能是相对薄弱的科目。我们可以通过几次考试的试卷分析自己容易做错的题型，然后找来相关的练习，每天计划一定的练习量（例如规定自己每天必须做两篇完形填空、两篇阅读题）。经过一段时间的练习后（一般2～3个月），这种题型的得分率就会有明显的提高。

物理：易遗漏的知识点包括各个实验的注意点和所用器材（尤其是交流电源之类的）、各种仪器示数的读法（保留几位有效数字）。这些内容需要反复的强化才能记住。如果你的弱势科目是物理，可以从分析大题的评分标准入手，分析出哪一步重要，哪一步在每一道同类题目解答中都必须有，哪一步需要特别注意。这样的分析有助于我们把答案写得规范、完整。另外，物理中的实验题向来是失分严重的题目，我们应熟练掌握典型实验（尤其是各个电学实验）、实验原理和选择仪器的基本法则，然后配以有代表性的习题，在长时间的练习后才可能有一些进步。

化学：易遗漏的知识点有各种反应的反应条件（尤其是有机反应，哪些是水浴加热，哪些是加热等）。到后期，寻找同分异构体的基本方法经常容易被忘掉，需要我们时常回忆，以加深记忆。如果你的弱势学科是化学，应先把知识整体梳理一遍，弄清各个知识点之间的关系。这个过程中主干知识就都会在你的脑海中留下印象，再配以适量的练习，你就会取得飞快的进步。

生物：易遗漏的知识点非常多，几乎除了主干知识之外的所有细小知识点都容易被遗漏。解决的方法是：反反复复地看教材，并且是一点一点像过筛子一样仔仔细细地看。有的同学采用抄书的方法，希望将书上的各个知识点都掌握，但我觉得不是很可取。如果你的弱势科目是生物，也可以从分析答案入手，总结回答问题的层面有哪些（例如题目是问……的原因，我们回答时就要考虑内因、外因等），然后对照着平时的练习加以总结，你的成绩会有很快的提高。

心态调整：杜绝侥幸心理，力求精益求精

在复习阶段，因为长时间反复地练习已经学过的知识，我们难免会产生厌烦倦怠，甚至有时会想："这个知识点考不考还不一定，说不定就不考了，不看这个了。"但是这些细小的知识点总会考的，虽然不一定会考哪一个，但是我们多复习一些，考试时多做出来一点的概率也就越大。况且，精益求精本来就是一个良好的态度，追求卓越对我们的一生也都是有益的。

临考阶段

总体目标：保持正常的解题与心理状态

学习策略：查漏补缺，扬长补短

高考前一个月左右的时间里，我们一定要保持正常的解题状态，对所有科目都应有所顾及。尤其是之前把很多精力放在竞赛、自主招生上的同学，这个时候一定不要再过多考虑那些事情了。

虽然这个阶段可以补差，但我们千万不能将自己的优势科目丢在一边不去管它。如果我们一味地做自己弱势科目的练习，造成的后果可能是本来自己很强的科目没有发挥好，从而影响自己的心情，最终影响后面科目的发挥。因此，在这个阶段，我们可以从作业、试卷的错题中寻找提高成绩的突破口，将自己的错题、不会的题完完全全地弄明白，并结合自己的经验，想想自己为什么会错，能不能举一反三，这道题代表了哪一类型的题，自己可以从这道题中总结出什么。最终的目标是力求让自己在这个阶段做的每一道题都发挥出最大的作用来。

到高考前一周左右，如果学校没有什么别的安排，为保持手感，可以自己找来一些模拟题，每天早上 9：00—11：30 做一套完整的理综试卷，每天下午 3：00—5：00 做一套完整的数学试卷，其他时间分给语文和英语（这个也一定不能少）。此时各科目的复习都应以做为主，看为辅，以保持自己正常的解题状态。而且，我这样安排时间，还可以减少自己胡思乱想的时间，减轻心理压力，一举两得。

另外，这个阶段还有一个需要我们特别注意的问题：一定要跟上老师的复习步伐，没有特殊情况尽量不要请假回家自己复习。原因在于：首先，学校的课表安排中各门课的比重都比较合理，自己回家复习难免出现对个别科目重视不够造成偏差；其次，到最后的阶段，各科老师肯定会毫无保留地讲许多他认为需要注意的事项，听一听这些经验之谈常常让我们有意外的收获；再次，在学校和同学们一起，有更好的学习氛围，在家里自己一个人复习，你难免会产生倦怠感，学习效率会明显下降；最后，在学校与老师、同学说说话（讨论问题或者说一些轻松的话题）可以有效舒缓紧张情绪，而自己在家里，紧张的情绪往往得不到舒缓，最后可能会影响你在考试中的发挥。

心态调整：避免急迫浮躁心理，正确看待成绩起伏

在高考前最后的阶段，很多同学会产生“赶快考完就好”的心态，于是就不再努力，而是急急躁躁地想要将这些日子胡乱打发过去，然后依靠之前的积累和最后这段时间稍微保持着的感觉完成高考。这样的心态是很多同学的共同心态，倒也不会导致太大的失误，与之前的考试成绩相比也不会有太大的下降。然而，最好的游泳运动员最后不是靠惯性达到终点，而是一直奋力划水直到手摸到池壁。最好的学生也不是靠平时的积累“滑”到高考，而是直到考前的最后一刻仍心平气和地寻找着自己可以进步的地方。始终保持平和的心态，会让你更容易发挥出好的水平。

另外，高三下学期，大考小考接连不断，成绩有起伏十分正常。但如果因为一次失误而懊悔多日或因一次超常发挥而一直沾沾自喜就不可取了。因为这种心态同样会导致浮躁心理，做一件事时脑子里想着另一件事，会严重影响复习效果。当然，我们更不能一次考试后就对号入座地想自己的成绩能考上什么样的大学。要知道，这时只管往前冲就行了，考完之后有的是时间考虑报考哪所大学。

总之，高中三年，因为每个阶段目标的不同，所以在学习策略和心态调整上对我们有着不同的要求。每个同学都应该找到适合自己的策略与方法，在学习中因时制宜，有针对性地、讲究方式方法地去努力，相信每个人都能取得令自己满意的成绩！

回首高中，我想将这些与你分享

姓　　名：唐韵馨

录取院系：光华管理学院

毕业中学：广西壮族自治区南宁市第三中学

获奖情况：广西壮族自治区“三好学生”“优秀学生”荣誉称号

全国中学生英语能力竞赛一等奖

全国中学生语文能力竞赛（省级赛区）一等奖

论文《麻黄、败酱草、威灵仙提取工艺改进研究》获南宁市青少年创新科技大赛一等奖

在我看来，如果说奋斗是获得好成绩的基础，那么计划与纠错则是学习的关键所在。

光阴似箭，眨眼的工夫，三年的高中生活已成为回忆，一张北京大学的录取通知书为我三年的努力画上了圆满的句号，更引领着我走向崭新的未来。此时此刻，当我再轻轻回首，品味我的高中三年，不禁感慨良多：这三年带给我的，绝不仅是知识的增长、分数的提高，它更让我懂得了奋斗的价值、团队的力量和感恩的重要性；让我在紧张充实的生活中少了许多幼稚，逐渐成长为独立的、懂得思考的个体。回首高中三年，有太多太多的记忆，都是我最宝贵的财富，值得我与你分享。

一、追赶：曾经落后的我，终于明白了奋斗的价值

或许和许多成绩优异的学子不同，我有着整整一年“惨痛”的经历。刚进入高一的我，不知道如何抓紧时间，在各科的时间安排上很不合理，上课也时常分心。如此一来，在高手如云的重点班里我毫无疑问地落到了最后几名。学习和生活中的挫折与压力在所难免，但刚进入高中便遭到如此大的挫折对我来说无疑是个重大打击。这一度使我十分迷茫，甚至想要放弃自己。

这时，班主任的一句话给了我很大的启示：“人生没有永远的成功与失败，只有暂时的主动与被动。”是啊，高一一年的挫

折只能说明在这一阶段我的暂时被动，而不能说明我的高中注定就会失败啊！在高一结束的那个假期，我一改平日的懒散，每天早早地去图书馆自习，直到太阳落山才回家，吃过晚饭又开始了紧张的学习，直到深夜才休息。假期里，当许多同学都去旅游放松的时候，我拒绝了一切娱乐活动，起早贪黑地看书，化被动为主动。我重点复习了高一学得很差的数学，预习了文综科目，并加强了语文的薄弱环节——作文。返校后，我仍然保持着高度紧张的学习状态（我高二时的紧张状态甚至超过了高三）：为了节省时间，我跑着去吃饭、跑着去洗澡；为了多点学习时间，我放弃午休，留在教室看书；晚上熄灯了，我便打着手电筒躲在厕所里看书；每到周末，我都从早到晚地在图书馆里学习……就这样，我成为班里公认最勤奋的学生，也逐渐在平时的小考中崭露头角。在高二的第一次大考中，我获得了年级第三名！这对于高一几乎垫底的我而言，无疑是极大的鼓励。这次的成功没有让我松懈，因为高一的教训，让我明白了松懈意味着退后。于是，我始终保持着高度紧张的学习状态，让勤奋成为习惯。

后来，常有同学开玩笑地形容高一那年是我的“噩梦”，而我却不这么认为。那年的“倒数”经历，让我真正明白了奋斗的价值，也让我在后来的挫折和打击面前有了良好的心态。因为我知道，无论怎样的挫折和打击，都只能使我们处在暂时的被动之中。于我而言，高一的暑假便是我化被动为主动的关键时期。我相信，我们每个人只要调整方法、愿意奋斗，就都有机会获得转机，赢得主动。

二、方法：计划与纠错是学习过程中的两大关键

在我看来，如果说奋斗是获得好成绩的基础，那么计划与纠

错则是学习的关键所在。

没有任何计划的奋斗，是盲目的奋斗，这样的奋斗，其价值无疑会大打折扣。我做计划的方法很简单：找一本轻便的小本子（方便随身携带），每天睡前在本子上写下第二天要完成的各科任务，每项任务都尽可能地写具体，例如写明要完成哪几页的习题、预习哪几个单元的内容。常言道“计划赶不上变化”，所以我常用铅笔做计划，如果第二天有了新的安排而实在无法完成计划，便将计划擦去或更改。完成计划后，我喜欢用醒目的红笔打上钩。每天睡前当我看到自己一天完成了如此多的任务，心里就感到十分充实，也大大提高了第二天完成任务的积极性。

反思和总结也是学习过程中极其重要的一环，所以纠错本和收集本成为我学习过程中必备的东西。我在学习数学和英语两个科目时制作了纠错本，而两科纠错本的做法也略有不同。数学纠错时，我不仅会抄下原题和解析，还会在每道题目下总结解题的思路和技巧，并且用彩笔画出关键的步骤，同时将一些巧妙的公式和方法专门记在纠错本的末页。这样，每次复习时只要看看纠错本，我就会得到很多启发，思路也打开了。我的数学成绩从原本的 90 多分提高到 140 分左右，纠错工作可谓功不可没。英语纠错时，对于单项选择题和改错题，我会把题目和解析都抄下来，而对于完形填空、阅读和作文，要把题目抄下来显然是不可能的，这时我便选择“收集”：将完形填空中不熟悉的单词、词组专门记下来，把做阅读时的心得归纳并写下来。我很喜欢读英语范文，在范文中看到一些好的表达，我也会摘抄下来。纠错本是针对自己平时学得不够扎实的知识点而设计的，考前翻一遍，复习时也就更有针对性了。

关于语文和文综这些科目，文字量比较大，想要像学习数学、英语那样抄题纠错显然是不切实际的。于是，当遇到经典的题目时，我会用荧光笔标记题号，老师讲评时做好笔记，并把试卷归类放好，考前再拿出来看一遍。针对这些科目，我会制作“收集本”，当然各科的收集本也有不同。语文的收集本我会按考试的内容分成“拼音”“错别字”“古诗”等版块，在平时做题或上课遇到不熟悉的知识点时便分类记下。平时我尽量多读好作文，把精彩的句子、经典的事例也收集起来，丰富自己的“作文素材库”，有空翻一翻，考试时用上两句便能为文章增色不少。再说文综，平时做题时，我常在答案中看到一些常被忽略的知识点和经典的分析方式，这些知识点通常只有几句话，我便用专门的本子记录下来。虽然这样的工作有些零散，但收集小知识点可以让我们强化记忆，复习时也能完善知识网络。大的知识框架和课本内容，大部分人都会烂熟于心，因而这些平时积累的小知识点就成为考场上取胜的秘密武器。

制作纠错本和收集本最重要的是要养成习惯、持之以恒，不少人因为怕麻烦而放弃，殊不知只要每天抽一点时间纠错，一段时间后就会有几本内容充实而有针对性的复习资料，让我们减少“一错再错”，对学习益处颇大。

三、感恩：班主任的“情商教育法”让我获益良多

高中三年，没有谁是孤军奋战，在我们身后站着永远都支持我们的老师、父母与同学，他们对我的影响有时大大超过了书本。

在这三年中，有一个人对我的影响格外深远，他就是我的班主任韦老师。他常说：“我不是你们的老师，而是导师。因为我希望能在你们的成长中起到引导的作用。”作为班主任，他不是每天在班里盯着我们，而是时不时来班里转两圈，或是进行一次

几十分钟的演讲。每次演讲，他都会送给我们一句话，除了上面那句“人生没有永远的成功与失败，只有暂时的主动与被动”对我影响颇深外，他还有很多的“名言”给了我很大的启发。比如在我喜欢回顾过去的成绩、对未来有过多的假设时，他告诉我“活在当下，做能做的”；我有时会在其他同学发言时悄悄在下面看书、做题，这时他告诉我“关注也是生产力”……

我记得这样的一句话，“教育的目的是人性的发展与幸福的奠基”。韦老师是一个关注学生整体发展的好老师，他不仅注重我们的学习成绩，更注重我们良好习惯的养成和整体素质的提高。他要求我们每天最少锻炼半小时，要求我们放学后一起去跑步；他提醒我们保持“童心”，每周组织一次老鹰抓小鸡这样的“幼稚游戏”；他告诉我们要拓宽知识面、提高综合能力，在班里设了图书角，在每周的班会上开展研究性学习，让每个同学选好课题，展示、交流几周来的研究结果……这样的教育，让我收获的不仅是满意的高考成绩，还有影响我一生的人文素养。感谢韦老师，感谢他的“情商教育法”！

四、兴趣：寻找学习与课外活动的平衡点

我们学校有丰富的社团活动和各种比赛。有同学会问：“这么多活动，会不会影响学习呀?”我想答案是否定的，因为在学习与兴趣之间，我们是可以寻找平衡点的。

我爱好英语，所以加入了学校的英语社并在高二的时候担任社长助理。英语社的活动安排在每周三的下午放学后，内容主要是社员间进行英语口语交流或做些小游戏，有外国友人来访时，英语社的主要成员还要负责接待。刚参加英语社时，所有的社员都是热情满满，每次活动都参加。可随着课业压力增大，不少社

员退出了英语社。每次当我看到大家在忙着学习，而我却要安排和参加活动时，心里也有些犹豫。尤其是外国友人来访时，我要缺好几节课来完成接待工作，心里更是不安。但我热爱我的社团，并且相信英语社的这些活动对提高我的口语水平和综合能力有很大的帮助。因此，我几乎没有缺席过社团里的活动，遇上作业多或是复习压力大的时候，我会尽量提高效率，有时还会在活动日前后适当开开“夜车”，把落下的功课赶上。除英语社外，我还在高二时加入了演讲社。不得不说，社团活动增大了我的学习压力、心理压力，但我并不后悔，因为在社团组织比赛、担任评委的过程，也是提高我个人能力的过程。

如何处理学习与课外活动的关系呢？我参加社团的原则是“不影响学习”，但我也拒绝做一个远离课外活动的“书呆子”，因而在学习与课外活动之间寻找平衡点至关重要。我想，在选择课外活动时，我们不能空有满腔热情，见到社团活动就参加，最后在活动过多时忙得措手不及，必然会影响学习和活动的质量。我的建议是：在选择活动前要明确自己的兴趣和能力，选择一两项活动，认真地参与其中。当课外活动占用学习时间时，应当先对当天的功课做好计划，提高效率，先完成重要的，活动后还应把落下的功课及时补上。如果课外活动确实对学习和休息影响较大，那么还是应该以学习为重，放弃或是参加其他较轻松的课外活动。我们应让课外活动丰富自己的学习生活，如果它成为一种负担，那么便是过犹不及了。希望每个同学都能在繁重的学业压力下找到适合自己的活动，让生活更加丰富多彩。

谈生物学竞赛学习之经验

姓　　名：汤济之

录取院系：生命科学学院

毕业中学：湖南省长沙市雅礼中学

获奖情况：2011 年全国中学生生物学联赛二等奖

2012 年全国中学生生物学联赛一等奖

2012 年全国中学生生物学竞赛一等奖

> 笔记是要反复翻的。记忆的关键在于重复，而笔记就能帮助你高效地重复。很多人记了笔记之后就置之一旁，这和没记笔记几乎没有差别，知识记到笔记本上不一定就是你的，记到脑子里才是你的。

写在前面的一个大原则：学习方法因人而异，最适合自己的就是最好的。

生物学竞赛由于其学科的特殊性，与数学、物理等学科竞赛有着一定差别，其中最主要的差别就是：生物学竞赛对于知识广度的要求是其他竞赛不可比拟的，但它对于计算分析、逻辑推理的要求相对较低。在这里，我介绍的经验主要是针对生物学竞赛的。当然，对于性质类似的学科，我的方法与经验也是可以借鉴的。

竞赛学习总方针

针对生物学竞赛的特点，结合本人实际操作的经验，我想在大方向上提出三点最需注意的地方。

1. 效率始终要摆在首要位置

有些同学以为拼学习就是拼时间，这个观点是错误的。过度的熬夜不仅不会取得太大成效，还会伤害我们自己的身体。拼学习实际上就是在拼效率。

什么情况下自己的效率比较高，这点我们一定要搞清楚。一般情况，人的效率与注意力的集中程度成正比。而大部分同学在考试的时候注意力最集中，所以在平时的学习当中，我们可以试着找一下考试时的那种感觉。

然而，注意力高度集中的状态是难以维持特别久的。因此，我们要一张一弛，劳逸结合，如果感觉自己学习效率不高了，就不要硬撑着，硬撑也只是浪费时间而已，不如放下书和笔，到外面走走，放松一下，回来以后再以饱满的精神状态投入学习中。精神高度集中的学习是非常累的，因此，身体的休息非常重要。

2. 一切以书本知识为主，做题永远是辅助工作

生物不同于数学、物理，后者可以通过做题找到方法，然后将此方法运用到相关题目的解答中。而生物题多为知识性的，没有某种可归纳的方法，不是可以从无到有总结出来的。因此，刷题只能帮你补充题目中出现的知识，而题中的知识与需要掌握的知识相比何其有限，这就要求我们选对学习材料。

关于学习材料的选择，入门时最好不要挑冷门的书，应选普及的、大家都在用的书。每个学科的内容和知识都不可能只看一遍，有的部分甚至需要看上十遍。我觉得一本质量好的教科书是非常重要的，将一本书看两遍比将两本书各看一遍要容易。对于参加生物学竞赛的同学来说，将一本高质量的书“吃透”就绰绰有余了。

对于习题的选择，我认为每个学科配一本习题集，再加上几本针对生物学竞赛的习题足矣。如果再配合平时老师发的试卷和各种考试试题，习题绝对够用了。有一点我们必须要明确：做题不是主要目的，而是用来检测自己的学习情况的。看完一个章节内容，就做这一章的习题检测一下，如果检测结果没有达到自己的预期就再有针对性地“补书”。做题时建议用铅笔做，若下次再想做可以擦掉重做。我对自己的要求是生物学竞赛题达到“单项选择题的正确率高于90%，多项选择题的正确率高于70%，综

合试卷题目的正确率超过80%”——这是个很高的目标，庆幸的是到了后期我的考试成绩基本都可以远远超过80分。

3. 计划性很重要

计划可以让你知道自己应该干什么，给你一个持续的外力，协助你自律，可以让你的学习有体系、有规律，而不是杂乱无章。它让你知道自己的弱点是什么，并督促你想办法攻克它。计划产生的连锁效应的力量是无穷的。

计划性并不是要求你将每一天的详细计划制订出来，写下来，这样有时反而费时费力。我从没有写过计划单，我的计划都在心里，具体做法是：先制订大计划，如学期计划、月计划；再制订小计划，如周计划、日计划。越是大的计划就越是不能修改的，一定要完成；而日计划基本只是方向，能做到哪儿算哪儿，有很大的灵活性，今天缺了明天就补点，计划就不会因为突发事件而废除了。

计划要合理，不要太紧也不要过松，这就得看你自己的把握，看你对自身的了解程度。若以前没有做计划的习惯，建议你将计划订得略偏松一点，最好在自认为正常的情况下留一点缓冲期。要想将计划性的行为坚持下去，最有效的方法就是让自己总是能够完成计划，给自己信心。

竞赛学习方法总结

说了大的方面，现在我来说说具体的学习方法。

总的来说，我的学习方法就是要将知识精简。

1. 看书时在笔记本上做笔记

这种方法对于梳理知识体系庞大而复杂的章节尤其管用，将自己认为重要的知识点记下，可以极为有效地缩减书本内容，取出精华。例如，“激素”这一章有三十多页，我就缩成了薄薄的三页。这样，在考前复习时知识要点就更加清晰，背起来也更加有条理，更加容易。

某一个章节第一次记笔记时可以多留一些空间，不要挤满。这样，以后看书做题后有所补充时就可以加在里面，甚至可以附纸贴上。笔记并不一定要做成什么样子，像我的笔记，简直可以说是草稿纸，只要自己看着舒服，方便查询就好。

笔记是要反复翻的。记忆的关键在于重复，而笔记就能帮助你高效地重复。很多人记了笔记之后就置之一旁，这和没记笔记几乎没有差别，知识记到笔记本上不一定就是你的，记到了脑子里才是你的。

2. 列表

列表绝对算得上知识整理上百试不爽的一种方法。凡是能进行比较的内容，列表总结几乎都能用得上，而且几乎都管用。

这主要是归因于两个方面：一是精简了知识，二是将知识用逻辑关系串联起来。

同时，表格是一种让人舒适的信息展示方式——简洁美观、一目了然，也省去了复习时在文字堆中寻找信息的麻烦。制作表格，对我们的归纳能力和创造能力也是一种训练。

3. 跳跃性归纳总结

归纳总结一般来说就不拘泥于课本上的顺序了，除了普通的“精简课本”式的单章归纳，跨章节归纳也是一种有效的归纳方法，相当于从另一个维度重新给课本编了一个目录。如果说课本中知识的顺序是横线，你归纳知识的顺序是竖线，结合在一起就变成一张网。这样，你对知识的理解将会更加精确、更加具体，掌握得也更加牢靠。

4. 绘图记忆

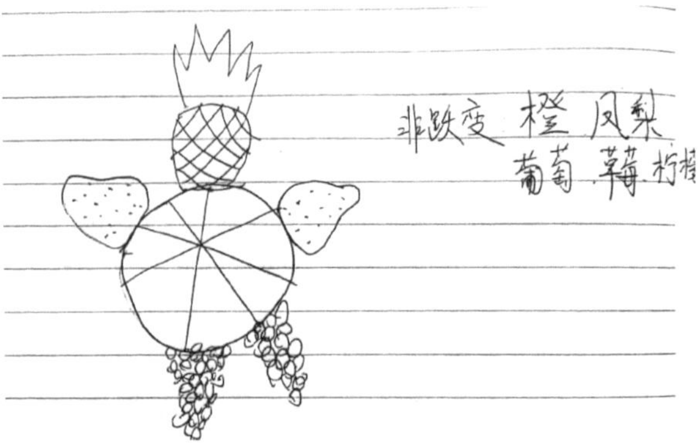

绘图仅仅是为了方便记忆。一般来说，人们对图像的记忆远远深刻于对纯文字的记忆，而且图像越有特点越容易记住。

我不惜将上面这种丑陋图像放上来，就是为了说明记忆并不是呆板的。凡是可以帮助我们记忆的方法都可以为我们所用。学习并不是同质的、局限的、拘谨的，而是独特的、创造性的。

我们要想接受一些知识，最行之有效的一种方法就是先向知识本身注入我们自己的东西，融入我们的创造、我们的审美、我们的心意，这样才能“和平演变”。

5. 顺口溜

顺口溜相比于绘图应该是更加普及的方法。

而我想要说的是，大部分人不知道如何使用这种方法。正如我之前所说，学习方法具有独特性、创造性，而现实是，大多数同学都是从网上搜顺口溜来背，随之而来的问题是背不下来和易忘。

顺口溜就应该自己编。自己编的顺口溜，可能在对称性和美感上不如网上下载的，但是我们在创作时要整合知识，要对文字进行处理，在这种思考之中就加深了印象。一个好的自编顺口溜，里面包含的知识我们在编完之后也背得差不多了。

虽然自编的顺口溜可能语句并不通顺，甚至逻辑混乱让别人难以理解（像我曾经编的顺口溜音节对不上，又找不到词，甚至都用了符号代替，读音更是随便乱念的），但是它就是有效，自己就是能记得住。

抛砖引玉，但也是经验之谈，希望我的方法能对学弟学妹们有所帮助。

学习经验总结

姓　　名：李一龙

录取院系：信息科学技术学院

毕业中学：山东省泰安第一中学

获奖情况：2010 年全国青少年信息学奥林匹克联赛（省级赛区）二等奖

2011 年全国青少年信息学奥林匹克联赛（省级赛区）一等奖

2012 年全国高中数学联赛二等奖

山东省优秀学生干部

规范的卷面，会给阅卷老师一个好印象——书写认真→学习认真→成绩优良→得分高。0.5mm 中性笔答题、作图，两道横线划去笔误，不能使用涂改液，字迹不能超出方框……这些都是必须要注意的地方。同时，该写的内容一定要写全。阅卷老师在阅卷时是按步骤给分的，我们要避免出现“会而不对”“对而不全”“全而不规范”的问题。

希望我在平时学习、竞赛过程中的一些经验，能对大家有所帮助。

学习要摆正心态，心理要足够坚强

毛主席曾提出，战略上要藐视敌人，战术上要重视敌人。对待高考，也应如此。战略上，也就是学习心态上，我们要“藐视”高考，摆正心态，不要被高考本身吓倒；战术上，也就是学习方法上，我们要“重视”高考，不断改进自己的学习方法，提高自己的效率。这样，我们才能在考场上“百战不殆”。

1. 高考没有什么可怕的

高考是一场模式化的、标准化的考试。高考的难度是相对固定的，无论是哪一年、哪一科、哪一省的试卷，其易、中、难题目的比例大部分为5∶3∶2。“简单题”也就是所谓的“基础题”“送分题”，考查的主要是同学们对基础知识的掌握；“中档题”

在“容易题”的要求之上，侧重考查解题方法，习惯于在知识的交汇点处出题；“难题”也就是比较新、难度较大的题，着重考查同学们的思维能力以及综合运用知识的能力，在试卷里起到“拔高压轴”的作用。

就以2012年山东高考数学试卷为例，通过简单统计就可以看出，简单题占了76分，中档题占了46分，难题占到28分。换句话说，即使所有的“难题”你都不会做，只要做好简单题和中档题，就是122分，这是一个相当可观的成绩了。750分的高考，你拿到80%的简单题和中档题的成绩，就是600分！

高考，并没有我们想象中那么可怕、那么难。

2. 必须要有信心

面临高考的我们，必须要有这样两点信心：一点是“自信”——相信自己，另一点是“他信”——相信老师。

我们要相信自己的水平，不能盲目自卑，给自己正确定位，减少跟其他同学的盲目攀比，多作“纵向比较”，多同自己的过去对比，多找自己的进步，自信自然而然就会增强。当然，也不能盲目自大，不能过分高估自己的水平，从而导致浮躁情绪的产生。

除了相信自己之外，更重要的一点是相信任课老师、相信班主任。许多时候我们会感觉作业太多，或者是任课老师的要求太严格。但是老师所做的一切，归根结底还是为了我们。因为老师要求严格、作业太多就放弃学校的学习、复习进度，转而自搞一套，这是绝对不可取的。

3. 必须要有目标

日本有个马拉松运动员叫山田本一，在他马拉松比赛夺冠以后，有人问他：“你是怎么顺利跑下全程来的？”他说：“每次比赛之前，我都要乘车把比赛的线路仔细地看一遍，并把沿途比较醒目的标志画下来，比如第一个标志是银行，第二个标志是一棵大树，第三个标志是一座红房子……这样一直画到赛程的终点。比赛开始后，我就奋力地向第一个目标冲去，等到达第一个目标后，我又以同样的速度向第二个目标冲去……”可想而知，如果他把目标定在 40 多千米外的终点线上，可能会在跑到十几千米时就会疲惫不堪，就会被前面那段遥远的路程吓倒。

善于分解目标，有助于我们更好、更快地实现目标。作为高中学生，我们可以把目标大致分为远、中、近三期：远期目标，就是考上理想的大学；中期目标，就是考试的目标，比如在期末考试、一模、二模中的分数；近期目标，就是现在的学习、复习内容，或者是亟待弥补的弱项，比如解析几何大题、物理的磁场大题、化学实验操作等。

目标一旦制定好，就要看落实状况了，这时我们要注意两点：一要忌拖延症，把目标当摆设，迟迟不去行动，这样目标自然失去了督促你学习、督促你进步的作用；二要忌好高骛远，给自己定了太不实际的目标，这样目标达不到不说，自己的信心还会受挫。

4. 必须摆正心态

摆正心态，最重要的，还是克服“急躁”和“浮躁”的情绪。

一不能急躁。有些同学性子比较急，不够淡定，通常表现为：在学习上有些同学缺少计划性，考前“刷夜”，考后又回到了平时的懒散状态，难以善始善终；在心理上有些同学缺乏稳定性，难以接受成绩的波动。急躁情绪的解决重在平时，我们要多培养自己“淡定”的心态，学习上多坚持，自然就会克服以上问题。

二不能浮躁。复习阶段更是如此。很多时候我们都会有“学习学不进去”“不想做题”“觉得自己掌握得不错了”的感觉——这就是浮躁。一旦克服了这种情绪，学习的效率就会有质的提升。

此外，我们也必须要提高抗干扰的能力，不断提高自己的心理素质。

5. 必须张弛有度

适当的压力是我们前进的动力，但是一旦压力过大，就会成为我们学习、生活中的阻力。在平时的学习中，我们要给自己适当的压力，不能太过轻松。但是，也不能走极端。疲劳了就要适当休息，如果一味加压，搞“疲劳战”“压力战”，这样不单心理上吃不消，久而久之，身体也受不了。

要养成良好的习惯，掌握各科通法

各科的学习并不是各不相干的，各科的学习有一个“通法”，即需要有某些共同的“习惯”。掌握了这些“通法”，养成了这些“习惯”，有助于我们取得事半功倍的效果。

1. 要有完整的知识网络

对于高中各科的学习来说，一个完整、系统的知识网络是至关重要的。也就是说，对于课标中标明、课本上提及、课堂上讲到的基础知识，我们必须要系统、扎实地掌握。这样，我们才能真正知道自己在这一章、这一册书中都学过什么，考场上我们就会知道某道题目考查的是哪方面的知识点，需要用什么方法，才不至于无从下手。

要建立起自己的“知识网络”，就要扎实掌握各科的基础知识。比如做好基础知识的填空梳理；做题的时候勤于联想，多想“这个题都考查了什么知识点”；平时勤复习笔记上的提纲。

在每一章节、每一册课本的学习结束之后，我们可以做几个表格，写写各章节的基础知识、基本问题、基本方法、基本题型；写写自己在哪里容易出错，需要多加留意哪里。久而久之，知识的脉络就会在我们的头脑中清晰起来。

2. 要掌握各科的学科方法

所谓对“能力”的考查，很大一部分就是对学科方法、思想的考查。这也就要求我们在学习中必须不断形成某些“意识”，比如数学当中的“分类讨论”“数形结合”“换元”“方程思想”等，都是我们必须要牢牢掌握的。

3. 要提高做题的熟练程度

同学们一定深有体会：看了课本不等于看懂课本，看懂课本不等于会做习题。学习水平的检验，最终是通过高考的方式完成的。这就要求我们平时多做题，提高做题的熟练程度。单纯地去“理解”而不加以练习，我们对所学到、所复习到的知识就不会达到熟练运用和灵活运用的程度，也就不会形成长期性的记忆。当然，做题要讲究方法。大量做题而不求甚解的“题海”战术收效甚微，甚至会给我们带来严重的反作用。因此，我们在做完题以后必须要有一个纠错、反思、重做的过程：对不会的题，我们看了答案以后，多想想“为什么不会”；对做错的题，我们看了答案以后，多想想“是哪里出了问题”。这样做题，才是真正有效率的。

各科有异，要因科制宜，突破学科难关

各科的学习除了一些“通法”以外，还有各自的特点。只有因科制宜，不断探索好的学习方法，发掘各科的学习规律，才能真正突破学科难关。

1. 语文

语文，重在积累。

一是积累知识。基础知识题中的字音、字形、成语，文言文中重点的实词、虚词，文学常识，必背的文言文……这些都属于要积累的知识。我们不但要多背发的材料，多背课文，而且还要多做题巩固。通过做题，我们可以很清楚地找到许多“高频考点”——这些也正是我们需要特别关注的地方。

二是积累答题套路。语文的大阅读题、诗词鉴赏题很多时候有答题“套路”。先答什么，后答什么，要答哪些内容，也要通过平时的训练、周测、考试，不断积累做题经验。作文的审题立意、谋篇布局上的“套路”，也是如此。

三是积累作文素材。我们如果在作文中使用一些没被写滥的新素材、新人物、新事迹，定会让阅卷老师眼前一亮。

2. 数学

高考数学都考查什么？无非就是三点：一是审题是否到位，二是思维是否严密，三是计算是否正确。审题时，我们要“逐字逐句”地看，在关键的条件底下画横杠，直到抓住所有的关键点，要审出条件中所包含的隐含条件，结论所表示的数学意义，图形的具体特点，等式（不等式）结构的操作方法，具体的细节，等等。思维上，我们必须建立起某些“定式”，快速地将题目内容与解题方法联系起来，也就是所谓的“类题类法，通题通法”。当然，具体问题也要具体分析，切忌盲目、教条地套题型。同时，高考还考查我们思维的严密性——比如分类讨论，等等。计算，这应该是很多同学头疼的地方，一是容易算错，二是算得太慢。怎么办？就是练习，多练习。多给自己限时训练——比如先能做到 15 分钟完成一道解析几何大题，然后做到 10 分钟完成一道解析几何大题……同时，养成“一遍算对”的习惯，不要总是依赖检查、改错。

3. 英语

英语的首要因素就是单词，单词是整个英语学习“大厦”的砖块，没有单词量作为基础，之后的各种“方法”都是空中楼阁。

听力上，就是“坚持听”。只要我们每天用15分钟坚持做一套高考听力模拟，考试时自然就能有一个很好的状态，不会“耳生”。

对语法类题目我们要掌握好“定式”，也就是各个常见的、常用的语法点，熟练以后就可以减少错误。

对完形填空我们不能一味做快，这里我建议一个方法：读三遍——第一遍，通读全文，掌握大意，不要做题；第二遍，开始做题，不会的题单独画出；第三遍，检查刚才做的题目中有没有什么错误，同时把不会的题解决掉。

英语试卷中，阅读理解题、阅读表达题加起来共55分，得分容易，失分也容易。做英语阅读题，最重要的是“原文意识”的培养。阅读时多动笔，多在题目上做标记，带着题目回原文，带着原文做题，这样的话正确率会大大提升。

对于作文，我有两点建议：一是要练好字，平时周测、考试就要注意书写；二是基础不太好的同学，可以背一些“模板”一类的东西，可能会有所帮助。

总之，英语学习没有定法，适合自己的就是最好的。

4. 物理

物理学科的综合性强，学习新课和复习时都需要我们做到全面细致。多看看常见的物理模型，比如圆弧轨道、传送带、木板物块……不管是大题还是小题，一般离不开这几个常见的模型。小的知识点，比如物理学史、实验的知识（实验器材的操作方法），还有一些占分不多的小结论都可能成为你的知识盲点，不能疏忽。

做题时要认真规范。首先，计算不能出什么问题；其次，多看看参考答案的答题模式，让自己的答题模式更完善。

5. 化学、生物

化学、生物被一些同学称为“理科中的文科”，这两科中需要背的东西多，知识点比较零碎，“基础”对于化学、生物的学习就更加重要。

学习化学，要夯实基础，重视基础知识、基础概念、基础实验；同时通过做题，不断增长见识，积累多种多样的“化学情景”（比如防倒吸装置、气密性的检查等）；最后也要注意规范——化学用语要规范，语言表达要规范，实验表述要规范，想抓好这些“规范性”的内容，就需要我们平时认真阅读教材，仔细核对考试答案，做到规范上零失分。

生物的复习，关键是回归课本，回归笔记本。课本上记述的大量知识是我们几乎从来没注意到的，这就是我们知识上的“盲区”，不可不补；笔记本上也记录了大量的补充知识，其中很多都是高考考查的重点。每天抽出一部分时间背生物，自然就会有很大的进步。同时，复习还要有侧重点，新陈代谢、动物生命活动的调节、遗传定律这几个方面，应该说是重点中的重点，我们必须要多加注意。

考场上，要掌握应试技巧，实现出色发挥

考试七分靠水平，三分靠发挥。知识掌握得再牢固，缺乏应

试技巧，照样也会出问题。

首先，答题要力求规范。规范的卷面，会给阅卷老师一个好印象——书写认真→学习认真→成绩优良→得分高。0.5mm 中性笔答题、作图，不能使用涂改液，不能超出方框……这些都是我们必须注意的地方。同时，该写的内容一定要写全。阅卷老师在阅卷时是按步骤给分的，我们要避免出现“会而不对”“对而不全”“全而不规范”的问题。做题的时候，尤其是理科，必须要充分利用草稿纸，草稿纸也要像卷子一样写得整齐，这样，我们做题时思维会更具条理性，检查时更容易发现错误。

其次，要合理安排时间。考试的题目难度安排大体还是由易到难的，因此我们基本上还是要按照题号顺序做题，切忌乱来。同时，做题的时候要注意“以退为进”，注意好考试策略。选择题、填空题一旦被卡住，就很有可能会浪费很多时间，这时候千万不要“硬”做某一道题，导致在某一道题上花 10 分钟甚至更长的时间。当然，许多计算题也是如此，某一小题不会做我们可以先跳过去，做后面的问题时可以先用前边的结论。时间不够的时候，能写多少就写多少，多写可能会多得分，不写或者写了又划掉是不会有分的。考试时间如何安排，还需要我们更多地在平时的考试中去思考和探索。

给参加学科竞赛同学的一些建议

1. 要明确自己参赛的动机，培养学科爱好

对于想学习学科竞赛的同学，最好不要单纯地将竞赛看作是升学、保送的工具，不要仅仅把竞赛当成升学的捷径。如果你真心想要学好竞赛，必须要有对该学科浓厚的兴趣以支持艰苦的竞赛学习，在学习过程中逐步“培养与学科之间的感情”。比如，

数学竞赛生并不只是面对着冰冷的数字、图形，他们能在繁杂的公式定理中找到艺术美感所在；信息学竞赛生并不只是埋头于屏幕上苍白的代码，他们能够在算法的优化中寻得乐趣。只有真正喜爱这一学科的同学，才能在三年的竞赛学习中坚持不懈，最终取得成功。

2. 要磨炼意志，坚持不懈，能吃苦，能做题

虽然说竞赛并非如同高考一样模式化，但大量的习题训练仍然是竞赛学习的重要环节。不做题，我们自然掌握不了大量定理、方法的应用，也就不会在竞赛中有太多提高。而且，学科竞赛是一个漫长甚至可以说有些艰苦的过程：大量的自习时间被竞赛课占据；大量的练习题、模拟题需要完成；在高三上学期后半段，还要进行停课集训，高考复习势必会受到影响……在这种情况下，许多意志不甚坚定的同学就很可能放弃。只有真正坚持下来，认真按照老师的要求进行训练的同学，才会在竞赛中取得较为优异的成绩。

3. 要正确处理学科竞赛和文化课学习之间的关系

学科竞赛并非同文化课学习“势不两立”，竞赛的学习在一定程度上与高考考查内容有着密切的联系。数学竞赛“一试”所考查的内容与高考完全吻合，难度上是高考难题的水平，长期的“一试”练习自然有助于高考中难题的解答；物理竞赛中大量运用的微元法、极限法等工具，给高考题目的解答提供了良好的工具……然而我们也要看到，为了准备竞赛，老师会要求参加竞赛的同学停课集训，这样一来，学习时间必然会有牺牲，其他科目（尤其是需要长时间积累的科目，如语文、英语）势必会受到影响。这就要求同学们要根据自身情况适当进行取舍，切不可摇摆不定，既耽误了竞赛准备，又影响了文化课学习。

4. 要有较强的自觉性、自学能力

不同于平时老师“手把手”的教学，参加竞赛的同学更多的

时候需要自己看书、自己做题、自己领悟。这就要求竞赛生会自主学习，根据自己的情况，取长补短；也要求竞赛生能够自觉学习，做到老师在与不在一个样，讲与不讲一个样，切不可因为老师不监督便偷懒怠工。

脚踏实地开启人生新篇章

姓　　名：李　各
录取院系：信息科学技术学院
毕业中学：宁夏回族自治区银川市第一中学
获奖情况：全国中学生物理竞赛三等奖

请你记住，挫折是笔财富。从客观上讲，每次考试的失利，就是我们知识网络薄弱环节的最好反映。在一次次的总结中，我们的实力也在不断提升。

在八月的午后，手中捧着北京大学的录取通知书，似乎还可望见数个月前的硝烟弥漫。我感到一丝侥幸，亦有一丝坦然，目光不由得投向高中三年中的点点滴滴。

让“勤”成为一种态度

我并没有独到的学习方法，我所坚持的，只有“勤”。从步入高中以来，我从未旷课，哪怕是体育课、艺术课，也从未迟到，不论风霜雨雪。我想，当“勤”成为一种态度时，不论是在求学之路上，抑或是在人生之路上，我们都会越走越远。

高一时，身边有许多人对桌游狂热不已，总是利用所有空余时间去娱乐，甚至逃避老师布置的一些弹性作业。而我一直执着地完成所有作业，以等同的热情投入每一门课程。虽然我的闲暇时间因此大大减少，但我绝不后悔，高一时的努力为高三的总复习打下了坚实的基础，使我有能力同时准备高考和竞赛。高一时的我们，尚未脱去初中时的稚气，没有形成独立的思想，很容易在纷繁的课程中迷失。此时，老师是最好的引导者。我们应当认真听好每一堂课，高质量地完成所有任务，这样才能尽快适应快节奏的学习生活，为日后的成功奠定基础。

高二经历了文理分科的选择后，大家都对自己的未来有了一定规划。此时我们不得不做出选择——要不要选择一门竞赛，并谋求竞赛与高考间的平衡。犹记得和物理竞赛“拼命”的日子，无论是严冬还是酷暑，甚至在我去北京大学参加“全国优秀中学生体验营”的时候，手边总是放着“程书力电”①。其实，任何能抓住机遇的人，必须要有敢于选择的魄力以及甘于寂寞的心。所以，在高二时应有一些自己的想法、自己的决心，不要被别人所干预。敢于选择并为之拼搏，那些看似不可能的事，或许最终会实现。

高三与高一、高二相比，最大的变化就是紧张中夹杂着刺激。每天有大量的复习任务，与此同时，会不时有种种机会掠过。无论如何，我想首要的便是坚定自己在高二时的选择，千万不可在种种因素影响下动摇自己的决心。如果你选择了某一门竞赛，请一定要坚持下去，不要在身边同学为高考拼命的气势影响下改变方向。至于全身心投入高考的同学，或许你会在某某获一等奖、某某获得保送资格的消息中感到失落与惘然，此时你要坚信，经过扎实的复习，在高考中你一定会拥有优势。一定要留心自己感兴趣的高校的自主招生信息，可以经常向班主任打听。

复习策略

对于复习策略，我认为还是要回归基础。对此，我建议以课本为依据，仔细分析课本中每一条概念，尤其要注意限定条件。

---

① 指程稼夫编著的《中学奥林匹克竞赛物理教程·力学篇》和《中学奥林匹克竞赛物理教程·电磁学篇》两本书。——编者注

这一点，对于生物学习尤为重要。有一段时间我的综合成绩总会在生物上丢许多分，直到后来我意识到了回归课本的重要性。在生物课本中，有许多经典的图解，如孟德尔豌豆杂交实验的遗传图解、种群能量流动图以及生态学曲线等，很多高考题正是以此为模板的。

至于物理、化学、生物的实验，更是不可脱离课本。对于经典实验，如牛顿第二定律验证、中和滴定、光合作用等，建议抓住晨读时光，一遍遍地记忆理解。更重要的是书上的课后习题，一定要认真研究。开始我就忽略了这点，只以学校配发的总复习练习册为题库。但是，现在的各种练习册重复度很高，很难发现精品创新题、发散题。直到后来在看课本的过程中，我才发现课本上的题不仅包括了几乎所有相关的题型，有些更是从全新的角度设问，令人耳目一新。总之，我们一定要重视课本，最好能“过”两遍，第一遍在一轮复习时仔细地“过”，第二遍在高考前一个月“过”。

对于数学这门学科，我认为题海战术是最好的提升方法。到了复习阶段，在高一高二一直紧抓积累的同学，在数学方面的优势会显现出来。许多同学在数学学科的瓶颈，就是无法提升选择题、填空题的准确率，而这正是由于前两年下的功夫没有到位。这时，就要在大量的题中查漏补缺，并注意总结易错点，如且、或、非逻辑关系，不等式取等条件，分类讨论是否不重、不漏以及各种模型的使用条件等。

语文和英语的学习，平时的练习很重要，尤其是写作。对于语文作文，最好每周都有一篇练笔。在练笔中，尽量运用多种写作技巧。另外，写完之后要多次修改，思考合理的谋篇布局。高三阶段，我们一定要多多关注新闻联播，以备素材之需。历年的“感动中国人物”，就是很好的素材，大家可以整理一下每个人物的颁奖词。英语写作中，想必大家都知道运用不同句式的重要性。在平时的练习中，要注意强调句、定语从句、状语从句的运用。另外，独立主格、非谓语动词以及连词恰到好处的使用，一定可以使你的文章增色不少。有些同学认为，在英语作文中所用的从句越多，语法越复杂，越容易获得高分。其实，这样反而会使文章变得生硬许多。我认为，最好的方法是一个长句，紧接着一个短句，再加一个从句、一个简单句，同时力求避免相同句式的运用，这样就可以使文章错落有致，读起来有节奏感。

心路成长

不得不提一下心态的问题，尤其是面对挫折的时候。每位中学生的高三之路，必定掺杂着汗水与泪水。仍然记得，在成绩与打击的交错中，我走完了高三之路。我因为一直在准备物理竞赛，耽误了复习进程。后来又一步步地，向着保送迈进。11 月份获得保送资格后，我又开始准备 12 月份的保送生考试。那段时间，我的成绩在不断下滑，看着小测的分数，也只好在失意中继续前行。那年冬天，格外寒冷。我把自己埋在历年保送试题中，偏又赶上身体虚弱，常常感冒，每当华灯初上，总是感到分外孤寂。从北京回来后，我的月考成绩滑至年级第 51 名。保送成绩出来后，终于不负所望，父母劝我放弃高考，去调养身体。但是，人生怎能轻言放弃？我重新踏上高考之路，成绩亦跟着上升。虽然高考并未得到一个光彩耀人的成绩，但这是我努力的结果，这是我高三的真实写照。虽有遗憾，并无后悔。

高三对每一个人来说，都有着不同的意味，但是它一定是沉甸甸的。一旦选择了这条路，我们就必须接受这条路上一切挫折的考验。请你记住，挫折是笔财富。从客观上讲，每次考试的失利，就是我们知识网络薄弱环节的最好反映。在一次次的总结中，我们的实力也在不断提升。

在繁重的学习压力与个人爱好之间，总会出现激烈的矛盾。高三虽苦，却并不意味着一定要放弃自己的爱好。当无法承受压力时，不妨去田径场狂奔一圈，或是去酣畅淋漓地踢一场球。我认识很多优秀的人，他们都善于在体育运动中释放压力。至于其他的爱好，也一定能起到相同的作用。我通常会在每周抽出一个晚上，去做自己喜欢的事。这样可以让我在枯燥乏味的高三生活中寻求调剂，以更好的精神面貌去进行下一周的学习。谨记，在合适的时间做合适的事。

以上仅为在下拙见，如能对诸位有用，我深感荣幸。

回首竞赛路，寄语同道人

姓　　名：王裕栋

录取院系：化学与分子工程学院

毕业中学：重庆南开中学

获奖情况：2010 年全国高中学生化学竞赛（省级赛区）一等奖

2011 年全国高中学生化学竞赛（省级赛区）一等奖

2011 年全国高中学生化学竞赛暨冬令营一等奖

2012 年全国高中学生化学竞赛（省级赛区）一等奖

2012 年全国高中学生化学竞赛暨冬令营一等奖

> 很多人都有一种感觉，第一遍看书的时候如果效果不好，以后无论再看多少遍也不会提高太多。因此，我们一定要注重第一遍看书的质量。看书时要对所学知识进行整理，将各个部分的知识连贯起来，总结出适合自己理解记忆的知识体系，这对于巩固基础是很重要的。

我想在这里写下一些有关化学竞赛的心得体会，以期为正要踏上竞赛之路的同学们引路。

1. 重视基础

化学竞赛的学习中，基础是最重要的。没有一个好的基础，学得再多都不会有深刻的理解。化学竞赛的学习尤其需要高中化学知识的基础。化学竞赛的内容大多就是大学化学要学的内容，没有高中化学知识的基础，学习大学化学的内容就会感到力不从心。所以，我建议必须在高一把高中三年的化学课本上的知识学习一遍，至少要达到做高考题时能轻松完成的程度。做高考题时要保证速度和准确度，这对提高做竞赛题时的速度和准确度有极大的帮助。在学完了高中化学后，建议看《无机化学》和《基础有机化学》，这两本书对参加化学竞赛所需的知识有系统性的讲解，这会使所学的知识不会成为一盘散沙，对于打好基础有重要的作用。很多人都有一种感觉，第一遍看书的时候如果效果不好，以后无论再看多少遍也不会提高太多。因此，我们一定要注重第一遍看书的质量。看书时要对所学知识进行整理，将各个部分的知识连贯起来，总结出适合自己理解记忆的知识体系，这对于巩固基础是很重要的。将看书与做题结合起来，多练习、多思考，也利于加强基础。如果能独立解决大学化学教材中的练习题，那就证明你已经掌握大部分基础知识了。

2. 看重实验

对于参加化学竞赛的同学，尤其是希望冲击全国决赛的同学，实验是需要特别重视的部分。每年都有一些同学在实验成绩上吃亏。我记得在初中化学第一节课上，老师就讲过，化学是一门以实验为基础的学科。所以，我们一定要重视实验。实验应该尽早做，如果有条件，高二甚至高一下学期就可以做实验了。做实验前我们要想好这个实验应该怎么做，弄清楚要点是什么，做好时间安排；实验时要稳中求快，注意细节，要思考每个步骤的目的、要点、注意事项，确保速度和准确度。速度和准确度都取决于平时的练习，所以在平时的实验中，我们一定要多练习一些基本操作，如移液、滴定、萃取等，多加练习之后，我们操作的熟练度自然就提高了。实验考试无外乎就是基本操作的组合，基本操作熟练了，考试时的速度和准确度自然就提高了。另外，实验时我们还要特别注意实验台面和仪器的整理。因为，实验台面太乱不仅会影响实验进度，严重时还会导致损坏仪器（我高二参加的那次决赛就是教训，当时我摔坏了一个量筒，实验成绩被扣了 5 分），最严重时还会影响监考老师的心情（这一点也很重要）。

3. 注重反思

在化学竞赛学习中，总结与反思是必不可少的环节。学完一部分知识后，如果不进行总结和反思，只会使学到的知识被渐渐遗忘，完全达不到预期的学习效果。我在高二下学期就深刻地体会到了反思的作用。当时，我为了准备高一的初赛和决赛，过早地把近年来的初赛和决赛的真题做完了，以至于到高二竞赛前找不到适合的题来练习。由于化学竞赛的特殊性，与真题的出题风格相近的模拟题几乎不存在，再做做过的题意义不大。所以，那段时间，我在老师的指导下把之前做过的真题找出来，对着参考答案和评分细则一道题一道题地对比，分析得分或失分原因，反思自己还有哪些知识没有掌握，哪些解题技巧还不熟练。除此之外，我还对照大纲上的知识点进行反思，确认自己对每一个知识点的理解程度。对于自己还不够理解的知识，我会去查阅相关书籍，加深理解。经过这些努力，我的解题能力有了很大提高。

4. 学会交流

化学竞赛的学习需要多与别人交流，与人交流是一个共同进步的过程，在看书的过程中碰到难题时与老师交流会加快解决问题的速度。老师不一定能解答所有问题，但老师有时可以提供一种新的思考方式，我们在不知不觉中就能探索到正确的答案。平时多与老师交流还可以获取一些有用的信息，如考试时间安排、讲座信息、实验安排，甚至老师教过的往届学生的学习方法、学习心得等。除此之外，与同学们交流讨论也十分重要。平时看书时与同学们多讨论，不仅可以更容易地掌握新知识，还可以加深对知识的理解。帮助其他同学答疑，既让同学对知识点有了了解，又加深了自己对该知识的记忆，这就是交流讨论的作用：共同进步。

5. 加强锻炼

坚持锻炼，能增强体质，提升耐力，培养团队精神，有助于学习。建议大家有空就跑跑步、打打球、跳跳绳，多运动可以增强我们的耐力。耐力对于参加化学竞赛的同学是一项必需的素质，因为化学竞赛理论考试通常持续三四个小时，实验考试则更长，如果没有好的耐力，几个小时持续用脑可能会导致反应迟钝，影响成绩。我在高中三年里每天坚持锻炼，风雨无阻。跑步、跳绳或者游泳，这几项运动极大地增强了我的耐力。

写下以上文字算是我对这些年竞赛的小小总结。我将带上这些年化学竞赛给我的恩赐，踏上大学之路，为了高中未能实现的通过竞赛为国争光的梦想而继续奋斗。

逐梦北大

姓　　名：谢新锋

录取院系：信息科学技术学院

毕业中学：福建省南安市第一中学

获奖情况：2010年全国中学生高中英语能力竞赛福建泉州赛区高一组二等奖

2011年全国青少年信息学联赛（省级赛区）一等奖

2012年福建省高中数学竞赛二等奖

2012年全国高中数学联赛（省级赛区）三等奖

如果对课堂上老师所讲内容我们都能记牢，都能弄懂，就会很容易得到高分。很多同学课上不认真、不专心，课下加班加点，这种做法是不可取的。认真听课才有可能在学习上做到事半功倍，就算是你自认为已经掌握的内容，最好也再认真听一遍，加深印象。

高考硝烟刚刚散去，这场战役对于已经保送的同学来说，似乎不痛不痒。生活依然在继续，无非是多了几场聚会，几次狂欢。就在7月之初，我收到了北京大学的录取通知书，厚厚的一个信封，在拆开信封的那一刻，我才突然意识到：燕园已从魂牵梦绕中来到了现实，我终于如愿地成为一名“北大人”。

回首高中，我可以很自豪地说“青春无悔”，我在这里有过梦想，有过拼搏，有过汗水，有过泪水，有过成功，有过失败。北大的录取通知书是给我高中生活的最好交代，也是高中圆满的一个句号。

竞赛篇

我是从高一才开始接触信息学竞赛的，对于初入高中的我来说，在奥赛班选拔时，只大致知道数学、物理、生物、化学在学些什么。我报了信息学竞赛班，那是我高中的第一个选择，当时只是想着去试试。虽然之前没有基础，但也不能说明我不适合这个学科，信息学对我就是一个崭新的开始。

接下来在高一的“语言”学习中，我渐渐地发现自己对程序设计思想理解得很快，很容易找到合适的表达方式，编程能力也在稳步提升，这使我对继续坚持参加信息学竞赛坚定了信念。在高一下学期学习“算法与数据结构”的时候，我继续保持着优势。搜索、动态规划……在高一紧张的学习中，我在学校那间机房里度过了大部分的周末和假期。

高一结束的那个暑假，我待在机房天天训练，那是我高中最美好的一个暑假，我竭尽全力为 11 月份即将到来的省赛而准备着，整个暑假总共仅休息了六天。暑假的这段训练带给了我很多东西，其中最重要的是如何面对挫折。

福州的夏天显然比泉州热很多，我们踏上了省计算机学会组织的信息学夏令营，在福州师范大学附属中学度过了信息学竞赛中重要的 10 天。夏令营基本算是新手的热身赛，真正的高手都没有出现。就是在这样的环境下，最后一天的模拟考试我只考了第 70 多名。在成绩出来的那个下午，我一个人坐在教室后面，看着窗外安静的午后，没心情听老师讲解考试试题，心里充满了不甘心，在我的想象中，这场考试应该是小菜一碟，我是可以轻松挤进前 10 名的。而事实上，我错了……

现实的结果与预期的落差如此之大，失败像层层迷雾紧紧地将我裹住。还记得当时夏令营有“比例模拟切线”的比赛，按省级颁奖。这次比赛中，我获得了三等奖，但是到了宿舍，我愤恨地把获奖证书撕成了两半，心想：“四个月后，我一定要拿到一等奖！”

现在，每当我看到那张变成两半的证书，我都在想：“这比省级一等奖的获奖证书重要多了。”想到当时自己的任性和好强，我忍不住笑了。这就是我在高中遇到的第一个大挫折。

或许是因为这次夏令营的失利，从福州回来后，我变得异常努力：每天早上 8：00 到机房，11：30 离开，在完成了老师布置的练习之后，再去网上找模拟题来做。复赛前，我成了我们奥赛班中做题量最大的学生。我承认我是一个很好强的学生，当时努力的理由只有一个——我不甘心。正是这个理由，支撑着我度过了那段迷茫黑暗的岁月，教会了我更加努力、更加沉稳。在复赛的赛场上，我最终得到了省级一等奖，这算是对我这一年半努力的一个交代吧！

在信息学竞赛结束以后，我在数学竞赛指导老师的建议下，来到数学竞赛班继续学习。一周仅三次培训课，与信息学竞赛训练相比，训练量算是少之又少，再加上我是半路出家的数学竞赛选手，每次数学竞赛班的考试我的名次都在末尾。最后，在高二的下半学期，我退出了数学竞赛班，专心投入高考和保送生考试的准备中。10 月份，是数学竞赛的复赛，我在三个多月没有练习的情况下，怀着试一试的心态去参加考试。当天考得很不顺利，所以从考场出来以后我对数学竞赛彻底死心了。然而当结果公布的时候，却大大出乎我的意料——我竟然拿到了省级三等奖，这对我来说的确是一个惊喜。

竞赛的道路非常苦，但是苦中仍然蕴含着难以忘怀的同窗回忆。难忘的机房时光，我和我的“战友”们携手走过。

学习篇

之所以把竞赛放在前面，是因为高考相较于竞赛来说，变成了一段小插曲。从竞赛的战场出来，我还想投入高考的战场中去，所以也非常努力地为高考做了准备。我的年级排名也从一开始的第 20 名稳步上升，高二时已上升到第 4 名。

关于学习方法，我认为主要是一个词：用心。在高中，很多同学晚上12：00后入睡，早上准时到教室早自习念书，每天你都能见到他/她在课桌上“刷”题的身影，但期中、期末成绩却还是不尽如人意，为何？有人将这种现象归结为天赋的差异，而我更喜欢将它解释为不用心的结果。他们在课桌前奋笔疾书，纵然做了一叠又一叠的考试题，但真正消化了多少，理解了多少？做题只能提高知识运用的熟练度，不能增加对知识理解的深度。有些同学数学学完一年了，课本上只写过名字。抛开功利化的分数，用心去研读课本，理解其中的知识点、知识的连贯性，对加深记忆、建立学科思维是很有帮助的。当然，练习对提高熟练度具有不可替代的作用。

用心加刻苦，这就是学习好的原因，没有其他窍门。愿意去思考，努力去训练。《论语》中就强调了思考的重要性：“学而不思则罔，思而不学则殆。”学习，不能只是停留在做题上，思考的重要性经常被我们忽略。经常思考，高中的理科思维其实不难培养。

还要强调的就是听课效率。如果对课堂上老师所讲内容我们都能记牢，都能弄懂，就会很容易得到高分。很多同学课上不认真、不专心，课下加班加点，这种做法是不可取的。认真听课才有可能在学习上做到事半功倍，就算是你自认为已掌握的内容，最好也再认真听一遍，加深印象。对于文科类科目如语文和英语的学习，建议同学们课堂上一定要认真做笔记，课后有规律地复习，做到一周一次小复习，一个月一次大复习，具体的安排可根据个人情况进行调整。

课外篇

回首高中三年，丰富的课外生活令人难以忘怀。竞赛考试前的大部分时间我都留给了学习，竞赛考试后，我又回到原班级，接下了班长这个职务。

保送生考试后的高中生活是丰富多彩的，选择度也非常广。有的同学建议我去旅游，有的同学建议我好好玩玩网游，而我则选择乖乖回到教室继续学习。在老师的建议下，我参加了两次数学论文比赛，一次得到了县里的第一名；另一次我用了4个月的时间，做了一个不算大的课题，写作的论文得到了广泛认可。

很多人问我为什么要这么做，我的回答是："北大不只是一种荣耀，它还是一种责任！"保送北大不意味着可以在高中过着放纵的生活，它不是让自己放松的理由。我一直认为，是北大的鼓舞支持着我完成了更多的学习任务——学习数学，尝试写论文，考英语……

高三的最后一个学期，我和班级的同学战斗到高考。

高三下学期的事情异常繁杂，由于担任了实验班的班长，我几乎成为班级的志愿者。自渡还需渡人，我更希望能与高中的同窗们在燕园相见。我和其他已经保送了的同学，为班里其他还在奋斗着的同学开设了数学奥赛课和自主招生指导课。记得那个时候我和同学们又一起"刷"了一遍自主招生的辅导题。笔试过后，我和几个老师一起为同学们准备模拟面试，帮他们在网上找相关学院的材料，修改自我介绍……最后，其中一位同学拿下了清华30分降分，另一位同学拿到了北大30分降分。我想："我们的努力值了！"

那段时间，我还开始学钢琴、学书法。很多人无法理解为什么我要学这些东西？会不会太晚？我认为，只要是真的喜欢，什么时候学都不晚。而且，晚不晚不是别人说的，当你认定要做一件事的时候，年龄不是问题。只要是真的喜欢，不要管别人如何评论，做好想做的事情，就能一点一点进步，达到自己的目标。

毕业篇

毕业典礼如期到来了，高中的三年是我难忘的三年。保送前单纯而执着地为了每一个阶段的目标奋斗，保送后选择了向自己的爱好靠近，这期间所做的每件事情都使我收获良多。回首整个高中，我学会了太多的东西：学会了努力，学会了拼搏，学会了给予，学会了关心，学会了做课题，学会了软笔书法，学会了弹钢琴……满满的三年高中生活，是我给自己最好的成年礼。

浅谈高中三年的一些心得

姓　　名：葛文东

录取院系：化学与分子工程学院

毕业中学：新疆生产建设兵团第二中学

获奖情况：第31届全国物理竞赛复赛二等奖

全国高中数学联赛（省级赛区）三等奖

中国化学奥林匹克初赛二等奖

不登顶峰，难见“一览众山小”的磅礴之景；不临低谷，怎能体会“润物细无声”的真情细节之美？

时光荏苒，白驹过隙，转眼间紧张的三年高中时光就过去了。三年间有太多的经历值得回味，有太多的语句激励着我，我把它们记录了下来，写在了几个备忘本上。以下内容基本上来自我的备忘本，一些是我写给自己的，有一些则是老师的赠言。

学习方面

1. 文理兼顾，心静求精，心如止水。

2. 竞赛只为学有余力的同学们准备。如果想为某一门竞赛付出，就要钻研和吃苦，甚至要冒停课再补课的风险，如果没有那份决心就趁早退出，千万不要怕丢人。

3. 自主学习，重视预习。高中的知识点其实并不多，因为它们是一个整体。

4. 吾日三省吾身，反思每一道题，尤其是错题。反思总结要包括学到什么和学会什么。推荐同学们看看《百年孤独》和《曾国藩传》。

5. 课上课下有任何问题一定要问，不明白就要多问几次，不要怕丢人，理解了、进步了、考好了可比不懂装懂更光荣。

6. 学习来不得半点虚假，半懂不懂的一定要弄懂。

7. 除非实在太多，否则最好每天完成所有作业。实在多的话，先完成对于自己最重要的学科。一天不写作业，课业负担也会加重，尤其是高三后期。千万不要嫌习题多就不想做，有些作业这次不写是以后再也补不回来的。

8. 高中学习，不管喜欢还是不喜欢，都要百倍努力。

9. 时间是有限的，要把完成作业后剩余的时间放在“最短的板”上，不要贪大求全。做一件事就要专心专一地去做它，尽己所能去做好，不要想结果，不要丧失斗志和信心。每天就专攻一个或几个学科，不要全面撒网。

10. 熬夜刷题因人而异，只适合疯狂热爱某一学科或者报了竞赛并且在冲刺的学生，对于大多数学生来说还是要适量，注意合理休息，才能保证听课质量。

11. 找到提升空间大的学科花时间研究并且长期坚持，一定要抛去各科都要做一点题的安全感，一定要扭转这个思路。

12. 到了高三就要全力以赴地拼高考，不要把时间过多地放在自主招生上，说直白些，没有太大用处。

13. 人的精力是有限的，不能啥都做，但要把个人能力范围内的事做到极致。45 分钟的课堂时间要专心，不要做其他的事。

14. 三种能力很重要：观察力、联系力和记忆力。

15. 不论到什么时候都要忌一切形式的“题海”战术；爱上你曾经最讨厌的学科；及时解决每一个问题，不要拖；重视每一个犯过的错误，不论这个错误是否低级。

16. 不论你的成绩有多好，你复习得有多完善，老师的复习内容有多简单，都要认真听课，不同的角度或不同的方法都有新的收获。

17. 不要惧怕考试。惧怕考试一般有两种可能：肚子里没货或者摔过跤。

18. 字难看没关系，要写得工整。

19. 要想拿高分，选择题和填空题的错误不能超过两个；要建立数学四大思想——方程思想、数形结合思想、分类讨论思想和化归思想。多与老师和同学们交流。

20. 考试成绩有偶然性，但仍能暴露问题。

21. 高三复习一定要按老师的要求走，不要自以为是。有针对性才有效率，同时还要自觉自愿地整理知识。

22. 做理综速度不要太快，一定要稳。

23. 高考前两三个月开始集中做高考真题，不要再找模拟题，研究真题并发现其中的规律。

24. 考试前一定要放松，不要再多做题，要多看看错题，注意调整作息时间，多休息，绝对不能因为复习而影响休息。最重要的还是平时习惯的培养，以及知识和方法的积累。

25. 一定要克服思维定式，认真读题和审题，动笔永远比动脑更可靠。

26. 讲过的题还不会，有以下三种可能：（1）之前压根儿没做过，不知道哪里是重难点；（2）做是做了，但是关键地方还是没掌握到位，只能中途放弃；（3）做完听完没有再看或再做一遍。

因此建议做题时用心专心，听课有针对性，听完再回顾一遍或几遍。

27. 临近高考时不要做剧烈运动，不要做危险性动作；午睡时间不宜超过半个小时；饮食要清淡，和平时一样，不要大补，否则易消化不良影响考试。

28. 整理试卷是很重要的，但并不是任何试卷都要整齐地收起来，因为复习时时间非常有限。要找重要的卷子、典型的错题，并且最好一类类地整理好。

29. 相对于制作“改错本”，整理卷子和课堂上、书本上出现的易错点，一点一点地整理更为有效。

30. 很多参考书是不太有用的，题海战术要讲究技巧。一轮复习时最好是落实课本，也可以买一些带有“概念网络”的参考书；二轮复习会有“拔高”出现，但基本是循序渐进的，可以适当总结自己卷子上总错的、较难的题（比如物理最后一道题，数学的解析几何和导数，化学的实验、推断，等等），练习很多是没有用的，但要有一定练习量，并且要一类一类地做题；三轮复习很快，就是简单再“扫”一遍，这一阶段要尽量多地发现自己的漏洞，尽量多地总结自己试卷出现的易错点，如果时间不够，也可以买“易错点总结”类的书，虽然大多个性化不足，但更加全面。但不管课下怎么努力，最重要的始终是课上。一定跟上老师的复习进度、复习思路。

心态方面

31. 不登顶峰，难见“一览众山小”的磅礴之景；不临低谷，怎能体会“润物细无声”的真情细节之美？

32. 犯错误要找自己的原因，永远不要怪别人。

33. 你会尽力的，你已经尽力了，让其他的一切都随风飘去……

34. 不能放低自己，就永远无法真心赞美他人，也就永远不能真正地从别人身上学到珍贵的品质。所以，要适时地承认别人的优秀，不只从言语上，更重要的是在内心中。

35. 坚持就是胜利。再艰难的坎儿有了坚持便能迎刃而解，再平凡的小事有了坚持也能变得伟大。

36. 坚持不是坚强，而是没有选择。

37. 每次跌入低谷，目的只是为了爬上更高的山峰。

38. 把喜欢的人放在心里，收起泛滥的情绪，磕磕碰碰才是生活；一时失利不要紧，因为别人也在努力。

39. 有得必有失，有失必有得。

40. 珍惜已有的，争取想要的。

41. 过去的我，将来的我，都不及现在的我。

42. 不要在别人的拥有里寻找自己的痛苦，不要在已有的缺陷里刺激更大的自卑——做到这两点，你就不会抱怨活得太累。

43. 一个杯子装满了水，就不能盛进更鲜活的水了，想要装进活水，唯有将杯子倒空。我们要将曾经的辉煌和失败都在心态上彻底了结，清空，然后用崭新的自我去迎接崭新的未来。

44. 不要被暂时的表象所迷惑，尤其是考试成绩，心态不要受影响。

45. 任何事情尝试是必需的，所以要勇敢去尝试，结局不由我们掌握，尽情大胆放心地去做吧，不会吃亏的。

46. 时间越接近高考越要多与老师和父母交流。不要以为父母不懂。

47. 别人考得好要祝贺，自己考得不好也不要灰心。

48. 有些事情如果改变起来非常困难还耗费精力过多的话，那还不如不要改变，顺其自然。

49. 父亲给我的八字箴言：放松、自信、心态、坚持。

50. 考试时就想着眼前的题目，不要瞻前顾后想做对或做错的后果，千万不能分心，要专注别有杂念，无所顾忌，不要畏惧，平静看待每一场考试。

51. 有挫折总比没挫折好，它是精神的宝贵财富。

52. 是金子不论到哪早晚会发光。做事不是指向他人看的，而是满足自己的道德标准，而且标准一定要高于普通人。

53. 高三的寒假是高考前的小休，而高考是人生的小考，是最简单的小事，高考选拔只是说明把最起码的学习做好，才有可能做好其他的事，以后还有更多更难的事要做要奋斗。

54. 要懂得知足又不满足。

55. 不到高考那一刻绝不服输。拼过、努力过，对经历和过程问心无愧，结果其实没有所谓的遗憾与后悔。不要因过程中的一点小波澜影响自己，不要怀疑自己。学习是给自己学的，不要顾及他人的看法。

56. 做过之事必有其合理性。考试不是为了否定过去，而是为了给未来希望。

57. 一个人的性格总有人喜欢，也总有人不喜欢，很多的东西是无法改变的，也不需要太过在意。

习惯方面

58. 提前到校一刻钟，推迟放学半个小时，百利而无一害。

59. 应该说的话一定要说，不应该说的话坚决不说，可说可不说的话最好别说。

60. 养成勤摘抄、勤记录的习惯。

61. 想到了就落实到行动上，要么就落实到笔头上，永远不要相信你自己的大脑，灵感是转瞬即逝的，忘掉事情的感觉是很痛苦的。

62. 多看新闻，多读好书，了解自己目标大学的文化底蕴和专业特色等各种信息。

63. 把最不想做的事情放到第一个去做。

64. 随着年龄的增长，自制力越来越重要。

65. 给你的神经一个放松的时间。

66. 高三小长假很少，假期时实在累了不想学就补觉，锻炼身体，少玩游戏：玩不等于休息。

67. 头脑要有创设动态场景的能力。

68. 我们都是凡人，真的不能改变什么，只能充分地利用时间。

69. 不要因犹豫迟疑而懊恼，写下来，吸取教训，下次当机立断。

70. 好的习惯要坚持下去。

生活方面

71. 慎独！

72. 尽力而为，顺其自然，快乐至上。

73. 少说，少玩，早起，敏行，节制！

74. 严于律己，宽以待人。

75. 永远做自己，走自己的路。适合别人的不一定适合自己，要足够自信，做好本真。如果自己的方法已得到证明与肯定那就坚持下去。

76. 生活学习的动作一定要快，专注做眼前的事，别想其他的事，留下更多思考与休息的时间。

77. 抓住一切机会，前提是做好准备。

78. 把计划的单位放在“周”而不是“日”。

79. 住校生要学会照顾自己，尤其要学会自律、慎独和节制。注意休息，不要熬夜，提醒自己还没做的事，绝不能盲目攀比。

80. 睡得越少忘得越多。

81. 高分与低能无关。忍耐压力才能做大事，别把锋芒指向至亲至爱的父母，跟父母好好说，慢慢说。

82. 面对困难，嘴上力量永远不及手上力量，时间往往在抱怨中流逝。

83. 注意体力与精神双方面的放松与休息，油尽灯枯要不得。